Sharon D. Williams
Alexander Garcia

Quantenwelten: Die Revolution des Computings und wie sie unsere Zukunft formt

Sharon D. Williams
Alexander Garcia

Quantenwelten: Die Revolution des Computings und wie sie unsere Zukunft formt

ISBN: 978-3-68904-354-4 (Paperback)
ISBN: 978-3-68904-361-2 (E-Book)

Copyright: Bremen University Press, Bremen, 2024. Die Nutzung des Manuskripts im Ganzen oder in Teilen ohne vorherige schriftliche Zustimmung des Verlags ist nicht zulässig.

Erste Auflage
April 2024
Version 1.0
Printed in the European Union
bup@bremenuniversitypress.com
www.bremenuniversitypress.com

Sharon D. Williams
Alexander Garcia

Quantenwelten: Die Revolution des Computings und wie sie unsere Zukunft formt

Übersicht

EINFÜHRUNG	4
GRUNDLEGENDE PRINZIPIEN DER QUANTENCOMPUTERTECHNOLOGIE	16
KLASSISCHE COMPUTER VS. QUANTENCOMPUTER	52
DIE ENTWICKLUNG VON QUANTENCOMPUTERN	63
DIE ENTWICKLUNG DER ERSTEN QUANTENALGORITHMEN	73
ENTWICKLUNG DER QUANTENHARDWARE	76
QUANTENKOMMUNIKATION UND -KRYPTOGRAPHIE	91
ANWENDUNGSGEBIETE VON QUANTENCOMPUTERN	107
DIE ZUKUNFT VON QUANTENCOMPUTERN	121

Inhaltsverzeichnis

EINFÜHRUNG   4

GRUNDLEGENDE KONZEPTE   9
QUANTENBITS (QUBITS)   9
FUNKTIONSWEISE UND HERAUSFORDERUNGEN   11
ANWENDUNGSBEREICHE UND POTENZIAL   11
KURZE GESCHICHTE DER QUANTENCOMPUTER   12
1980ER JAHRE: THEORETISCHE GRUNDLAGEN   13
1990ER JAHRE: DURCHBRUCH IN QUANTENALGORITHMEN   13
2000ER JAHRE: ERSTE QUANTENCOMPUTER   14
2010ER JAHRE: ANNÄHERUNG AN QUANTENÜBERLEGENHEIT   14
ZUKUNFTSAUSSICHTEN   14

GRUNDLEGENDE PRINZIPIEN DER QUANTENCOMPUTERTECHNOLOGIE   16

QUBITS UND IHRE EIGENSCHAFTEN   18
ÜBERLAGERUNG   20
VERSCHRÄNKUNG   22
KOHÄRENZ UND DEKOHÄRENZ   34
KOHÄRENZ   34
DEKOHÄRENZ   36
KONTROLLE DER DEKOHÄRENZ   37
ANWENDUNGEN DER QUANTENINTERFERENZ   47

KLASSISCHE COMPUTER VS. QUANTENCOMPUTER   52

GRUNDLEGENDE ARBEITSPRINZIPIEN   52
BERECHNUNGSKAPAZITÄT UND ANWENDUNGSBEREICHE   54
SKALIERBARKEIT UND STABILITÄT   57
ENTWICKLUNGSSTAND UND ZUGÄNGLICHKEIT   59

DIE ENTWICKLUNG VON QUANTENCOMPUTERN — 63

Frühe Phase der Forschung und theoretische Grundlagen — 63
Richard Feynman (1981) — 63
David Deutsch (1985) — 65
Peter Shor (1994) — 67
Lov Grover (1996) — 69

DIE ENTWICKLUNG DER ERSTEN QUANTENALGORITHMEN — 73

Deutschs Algorithmus (1985) — 73
Deutsch-Jozsa Algorithmus (1992) — 74
Shor's Algorithmus (1994) — 74
Grover's Algorithmus (1996) — 74
Bedeutung der frühen Quantenalgorithmen — 75
Quantenüberlegenheit (2016) — 75

ENTWICKLUNG DER QUANTENHARDWARE — 76

Supraleitende Qubits — 76
Trapped Ions — 78
Quantenpunkte — 79
Photonen — 82
NV-Zentren in Diamanten — 84
Topologische Qubits — 86
Auswahl der Technologie — 88

QUANTENKOMMUNIKATION UND -KRYPTOGRAPHIE — 91

Quantenverschlüsselung — 91
Quanteninternet — 93
Skalierbare Quantensysteme — 98
Quantenalgorithmen für praktische Anwendungen — 101
Demonstration der Quantenüberlegenheit — 104
Google's Sycamore-Prozessor — 104

ANWENDUNGSGEBIETE VON QUANTENCOMPUTERN 107

MATERIALWISSENSCHAFTEN	107
ENTWICKLUNG NEUER MEDIKAMENTE	108
PERSONALISIERTE MEDIZIN	110
CHEMIE	112
OPTIMIERUNGSPROBLEME LÖSEN	114
VERKEHR UND LOGISTIK	114
ENERGIEVERTEILUNG	115
KRYPTOGRAPHIE UND SICHERHEIT	116
QUANTENVERSCHLÜSSELUNG	116
BEDROHUNGEN FÜR BESTEHENDE VERSCHLÜSSELUNGSMETHODEN	117
FINANZWESEN	118
RISIKOANALYSE	119
PORTFOLIOOPTIMIERUNG	119

DIE ZUKUNFT VON QUANTENCOMPUTERN 121

ENTWICKLUNG VON TOPOLOGIE-QUBITS	121
FORTSCHRITTE IN DER QUANTENFEHLERKORREKTUR	122
REVOLUTION IN DER DATENVERARBEITUNG	122
NEUE FORSCHUNGSFELDER DURCH QUANTENSIMULATIONEN	122
KOMMERZIALISIERUNG UND INDUSTRIELLE ANWENDUNGEN	123
KOOPERATIONEN ZWISCHEN WISSENSCHAFT UND INDUSTRIE	125
DATENSCHUTZ UND SICHERHEIT	127
BILDUNG UND ARBEITSMARKT	128
ÜBERWINDUNG TECHNISCHER BARRIEREN	130
ENTWICKLUNG VON STANDARDS UND PROTOKOLLEN	132
FÖRDERUNG DER BILDUNG UND FACHKRÄFTEENTWICKLUNG	133
FAZIT	136

Einführung

Quantencomputer sind aus mehreren Gründen in aller Munde.

Sie repräsentieren einen bedeutenden Fortschritt in der Art und Weise, wie wir über Datenverarbeitung und Computertechnologie denken, und versprechen Durchbrüche in vielen wissenschaftlichen und industriellen Bereichen. Sie sind – anders als früher – auch nicht mehr nur Sache hoch spezialisierter Forscher und Wissenschaftler. Angesichts der zu erwartenden Anwendungen, die viele Bereiche des Lebens aller Menschen massiv beeinflussen können, ist es an der Zeit, ein allgemeinverständliches Werk zu diesem Thema zu verfassen. Quantencomputer gehen uns alle an.

Einer der Hauptgründe für das hohe Interesse an Quantencomputern liegt in ihrer theoretischen Fähigkeit, Probleme zu lösen, die für herkömmliche Computer praktisch unlösbar sind. Dies umfasst komplexe Simulationen in der Physik, Chemie und Materialwissenschaft, die Verbesserung von Algorithmen für künstliche Intelligenz, die Optimierung großer Systeme, etwa in der Logistik oder bei Finanzmodellen, und nicht zuletzt die Möglichkeit, bestehende Verschlüsselungstechniken zu brechen. Die Fähigkeit, neue Medikamente schneller zu entdecken und zu entwickeln, indem molekulare Wechselwirkungen präziser simuliert werden können, ist ein weiteres Beispiel für das ungeheure Potenzial von Quantencomputern.

Schließlich fasziniert die Grundlage der Quantencomputer – die Quantenmechanik – durch ihre Nicht-Intuitivität und ihre Herausforderung an unser Verständnis der Naturgesetze. Die Quantenmechanik, eine der Säulen der modernen Physik, widerspricht in vielen Aspekten der anschaulichen klassischen Physik, was zu einer Mischung aus Faszination und Befremdung führt. Die Anwendung ihrer Prinzipien in einer Technologie, die das Potenzial hat, unsere Gesellschaft zu verändern, weckt daher nicht nur das Interesse der Fachwelt, sondern auch der breiten Öffentlichkeit.

Insgesamt sind es also die bahnbrechenden Möglichkeiten, die technologischen Herausforderungen und die tiefgreifenden wissenschaftlichen Fragen, die Quantencomputer so stark in den Mittelpunkt des Interesses rücken.

Die Vorstellung, dass Quantencomputer bereits heute in der Lage sind, Rechenoperationen durchzuführen, für die der leistungsstärkste herkömmliche Computer Tausende von Jahren benötigen würde, markiert einen Wendepunkt in der Welt der Informationsverarbeitung. Dieser Leistungsvorsprung, den erste Quantencomputer bereits in spezialisierten Aufgaben demonstriert haben, unterstreicht das transformative Potenzial der Quantentechnologie. Es ist ein deutliches Signal, dass wir am Anfang einer bahnbrechenden Entwicklung stehen, die sowohl immense Möglichkeiten als auch bedeutende Herausforderungen mit sich bringt.

Das beispielhafte Szenario, in dem ein Quantencomputer eine Aufgabe in Minuten löst, für die ein klassischer Supercomputer Jahrtausende benötigen würde, veranschaulicht die einzigartige Fähigkeit von Quantencomputern, Probleme durch das Ausnutzen von Quantenphänomenen wie Superposition und Verschränkung in einer Weise anzugehen, die in der klassischen Welt unvorstellbar ist. Diese Fähigkeit hat das Potenzial, die Forschung in Bereichen wie Materialwissenschaft, Medikamentenentwicklung, künstliche Intelligenz und viele andere zu revolutionieren, indem sie völlig neue Möglichkeiten für die Modellierung komplexer Systeme und die Lösung von Optimierungsproblemen bietet.

Gleichzeitig wirft die fortschreitende Entwicklung von Quantencomputern wichtige Fragen bezüglich der Sicherheit bestehender kryptographischer Systeme auf, die das Rückgrat der digitalen Sicherheit weltweit bilden. Die Möglichkeit, etablierte Verschlüsselungsverfahren zu kompromittieren, erfordert eine proaktive Überarbeitung von Sicherheitsprotokollen und die Entwicklung neuer kryptographischer Ansätze, die gegenüber Quantenangriffen resistent sind.

Die Auseinandersetzung mit dem Thema Quantencomputing ist daher nicht nur für Wissenschaftler, Technologen und Industrieakteure von Bedeutung, sondern auch für Politiker, Sicherheitsexperten und letztlich für die gesamte Gesellschaft. Bildung und öffentliches

Bewusstsein spielen eine wichtige Rolle dabei, die Chancen und Risiken, die mit dieser Technologie einhergehen, zu verstehen und fundierte Entscheidungen über ihre Entwicklung und Anwendung zu treffen.

Wir stehen am Anfang einer Ära, in der Quantentechnologien das Potenzial haben, unsere Welt grundlegend zu verändern. Es ist von entscheidender Bedeutung, dass wir diesen Weg mit einem tiefen Verständnis für die Technologie selbst sowie mit einer klaren Sicht auf ihre möglichen Auswirkungen beschreiten. Die Entwicklung und Implementierung von Quantentechnologien erforderten eine sorgfältige Abwägung der ethischen, gesellschaftlichen und sicherheitstechnischen Aspekte, um sicherzustellen, dass diese revolutionäre Technologie zum Wohl der Menschheit eingesetzt wird.

Quantencomputer stellen eine revolutionäre Art der Informationsverarbeitung dar, die grundlegend von klassischen Computern abweicht. Ihr Konzept basiert auf den Prinzipien der Quantenmechanik, einer Theorie, die das Verhalten von Materie und Energie auf den kleinsten Skalen des Universums beschreibt. Anders als klassische Computer, die Daten in Form von Bits verarbeiten, welche entweder den Zustand 0 oder 1 annehmen können, nutzen Quantencomputer Quantenbits oder Qubits. Ein Qubit kann nicht nur in den Zuständen 0 oder 1 existieren, sondern auch in Zustandsüberlagerungen von beiden, bekannt als Superposition. Diese Fähigkeit erlaubt es Quantencomputern, eine enorme

Anzahl an möglichen Zuständen gleichzeitig zu repräsentieren und zu verarbeiten.

Ein weiteres grundlegendes Prinzip der Quantencomputing ist die Verschränkung, ein Phänomen, bei dem Qubits in einem Zustand miteinander verknüpft werden, sodass der Zustand eines einzelnen Qubits sofort den Zustand eines anderen beeinflussen kann, unabhängig von der Distanz zwischen ihnen. Dies ermöglicht eine Art von Parallelverarbeitung, die in klassischen Systemen unerreichbar ist.

Durch diese Eigenschaften können Quantencomputer bestimmte Arten von Berechnungen, insbesondere solche, die Faktorisierung großer Zahlen, die Simulation von Quantensystemen und bestimmte Optimierungsprobleme betreffen, potenziell viel schneller durchführen als ihre klassischen Gegenstücke.

Die Herausforderungen beim Bau und der Skalierung von Quantencomputern sind jedoch beträchtlich. Qubits sind extrem anfällig für äußere Störungen, ein Phänomen bekannt als Dekohärenz, welches ihre Quantenzustände zerstören kann. Deshalb erfordern Quantencomputer extrem niedrige Temperaturen und spezielle Abschirmungen, um betriebsfähig zu sein. Trotz dieser Herausforderungen machen Forscher kontinuierliche Fortschritte, und es gibt bereits funktionierende Quantencomputer mit einer beschränkten Anzahl von Qubits, die für spezielle Forschungsaufgaben und experimentelle Anwendungen genutzt werden.

Die Entwicklungen im Bereich des Quantencomputings könnten langfristig enorme Auswirkungen auf zahlreiche Felder haben, von der Materialwissenschaft über die Pharmazie bis hin zur Kryptographie. Die Fähigkeit, Probleme zu lösen, die für klassische Computer praktisch unlösbar sind, eröffnet neue Horizonte in der Wissenschaft und Technologie. Doch bis Quantencomputer für den breiten Einsatz bereit sind, bleibt noch viel Forschungs- und Entwicklungsarbeit zu leisten.

Quantencomputer repräsentieren eine fundamentale Abkehr von traditionellen Computertechnologien, indem sie Prinzipien der Quantenmechanik nutzen, um Datenverarbeitungsaufgaben durchzuführen, die für klassische Computer entweder sehr zeitaufwendig oder praktisch unmöglich sind. Diese neue Art von Computer nutzt Quantenbits oder Qubits, anstelle der klassischen Bits, um Informationen zu speichern und zu verarbeiten.

Wir nehmen Sie mit in die spannende Geschichte und Zukunft der Quantencomputer, die demnächst unser aller Leben in einer Weise definieren werden, wie die heute nur ansatzweise abgeschätzt werden kann.

Grundlegende Konzepte

Quantenbits (Qubits)

Im Herzen eines Quantencomputers liegen Qubits. Im Gegensatz zu klassischen Bits, die in einem von zwei möglichen Zuständen, 0 oder 1, existieren, können Qubits dank des Prinzips der Überlagerung in einem Zustand sein, der eine Superposition von sowohl 0 als auch 1 darstellt. Diese Fähigkeit ermöglicht es Qubits, mehr Informationen als klassische Bits zu tragen und zu verarbeiten.

Die Überlagerung ist ein Zustand, in dem sich Qubits befinden können, und sie erlaubt es einem Qubit, gleichzeitig verschiedene Wahrscheinlichkeiten für den Zustand 0 und 1 zu halten. Wenn ein System von N Qubits in Überlagerung ist, kann es 2^N verschiedene Zustände gleichzeitig repräsentieren, was eine exponentielle Zunahme der Informationsverarbeitungskapazität im Vergleich zu N klassischen Bits darstellt.

Ein weiteres Phänomen der Quantenmechanik, das in Quantencomputern genutzt wird, ist die Verschränkung. Zwei oder mehr Qubits können in einem verschränkten Zustand existieren, in dem der Zustand eines einzelnen Qubits unmittelbar den Zustand der anderen beteiligten Qubits bestimmt, unabhängig von ihrer räumlichen Distanz. Verschränkung ermöglicht eine komplexe Koordination und simultane Berechnungen, die in klassischen Systemen unerreichbar sind.

Quantencomputer nutzen auch das Phänomen der Quanteninterferenz, um die Wahrscheinlichkeiten von Qubit-Zuständen zu steuern und damit unerwünschte Berechnungsergebnisse zu eliminieren, während die gewünschten Ergebnisse verstärkt werden.

Funktionsweise und Herausforderungen

Quantencomputer führen Berechnungen durch, indem sie Qubits manipulieren und die Prinzipien der Überlagerung und Verschränkung nutzen, um eine enorme Parallelverarbeitungskapazität zu erreichen. Quantenalgorithmen, die speziell für die Nutzung dieser Eigenschaften entwickelt wurden, können bestimmte Arten von Problemen wesentlich effizienter lösen als die besten bekannten Algorithmen für klassische Computer.

Eines der größten technischen Hindernisse für die Entwicklung von Quantencomputern ist die Dekohärenz, ein Prozess, bei dem die empfindlichen Quantenzustände der Qubits durch ihre Wechselwirkung mit der Umgebung gestört werden, was zu einem Verlust der Quanteninformation führt. Die Realisierung zuverlässiger Quantenfehlerkorrekturmethoden und die Entwicklung stabiler Qubits, die länger in ihrem Quantenzustand verbleiben können, sind zentrale Forschungsgebiete

Anwendungsbereiche und Potenzial

Quantencomputer bieten vielversprechende neue Möglichkeiten in vielen Bereichen.

Sie könnten bestehende Verschlüsselungssysteme herausfordern und gleichzeitig die Entwicklung neuer Quantenverschlüsselungsmethoden fördern.

Durch die Simulation von Molekülen und chemischen Reaktionen könnten Quantencomputer bei der Entdeckung neuer Materialien und Medikamente revolutionäre Fortschritte erzielen.

Sie könnten effizientere Lösungen für komplexe Optimierungsprobleme in Bereichen wie Logistik, Fertigung und Finanzwesen finden.

Die Zukunft von Quantencomputern ist äußerst vielversprechend, steht jedoch vor erheblichen technischen und theoretischen Herausforderungen. Fortschritte in der Quantentechnologie, die Entwicklung von Quantenalgorithmen und die Überwindung von technischen Hindernissen wie Dekohärenz und Fehleranfälligkeit werden entscheidend sein, um das volle Potenzial von Quantencomputern zu erschließen. Langfristig könnten Quantencomputer nicht nur bestehende Berechnungsparadigmen umgestalten, sondern auch neue Wege in der Forschung eröffnen und bisher unvorstellbare wissenschaftliche Durchbrüche ermöglichen.

Kurze Geschichte der Quantencomputer

Die Geschichte der Quantencomputer ist sowohl faszinierend als auch komplex, geprägt von theoretischen Durchbrüchen und experimentellen Fortschritten, die zusammen das Fundament für diese revolutionäre Technologie bilden. Hier ist ein Überblick über einige der wichtigsten Meilensteine auf dem Weg zur Entwicklung der Quantencomputer:

1980er Jahre: Theoretische Grundlagen

Richard Feynman schlägt 1981 vor, dass Quantencomputer genutzt werden könnten, um physikalische Systeme zu simulieren, die für klassische Computer zu komplex sind. Feynman identifizierte die inhärente Schwierigkeit, Quantensysteme mit klassischen Mitteln zu simulieren, und argumentierte, dass ein neuer, auf Quantenmechanik basierender Ansatz notwendig sei.

Paul Benioff beschreibt 1982 das Konzept eines Quantenturingmaschine, das theoretische Fundament für Quantencomputing, welches zeigt, dass Quantensysteme für Berechnungen genutzt werden könnten.

David Deutsch entwickelt 1985 die Idee weiter und schlägt den Quanten-Turing-Maschine-Formalismus vor, der die theoretische Grundlage für Quantencomputer legt. Er präsentiert auch den Begriff des Universellen Quantencomputers, der in der Lage ist, jede berechenbare Funktion auszuführen.

1990er Jahre: Durchbruch in Quantenalgorithmen

Peter Shor entwickelt 1994 den nach ihm benannten Shor-Algorithmus, der zeigt, dass ein Quantencomputer große Zahlen wesentlich effizienter faktorisieren kann als die besten bekannten Algorithmen für klassische Computer. Dieser Durchbruch hat bedeutende Implikationen für die Kryptographie, insbesondere für die Sicherheit vieler Verschlüsselungssysteme.

Lov Grover entwickelt 1996 den Grover-Algorithmus, der die Suche in einer unsortierten Datenbank quadratisch schneller durchführt als jeder klassische Algorithmus. Dies demonstriert die potenzielle Überlegenheit von Quantencomputern bei bestimmten Suchaufgaben.

2000er Jahre: Erste Quantencomputer

Forscher beginnen anfangs der 2000er Jahre, die ersten Quantencomputer zu bauen, die einfache Quantenalgorithmen ausführen können. Diese frühen Systeme sind noch weit von praktischer Anwendbarkeit entfernt, markieren aber wichtige technische Meilensteine.

2010er Jahre: Annäherung an Quantenüberlegenheit

Google verkündet 2019, dass sein Quantencomputer Sycamore Quantenüberlegenheit erreicht habe, indem er eine spezifische Berechnung in 200 Sekunden durchführt, für die der leistungsstärkste Supercomputer der Welt etwa 10.000 Jahre benötigen würde. Dieser Meilenstein wird als Beginn einer neuen Ära im Quantencomputing betrachtet, obwohl praktische Anwendungen noch in weiter Ferne liegen.

Zukunftsaussichten

Heute konzentriert sich die Forschung vornehmlich auf die Verbesserung der Stabilität und Skalierbarkeit von Qubits, die Entwicklung von fehlertoleranten Quantencomputern und die Suche nach praktischen

Anwendungen für Quantentechnologien. Die Entwicklung von den ersten theoretischen Vorschlägen bis hin zur Demonstration von Quantenüberlegenheit zeigt, wie weit die Quantencomputertechnologie gekommen ist. Die zukünftige Entwicklung verspricht, noch spannender zu werden, mit dem Potenzial, Wissenschaft, Technologie und Gesellschaft tiefgreifend zu verändern.

Grundlegende Prinzipien der Quantencomputertechnologie

Quantencomputertechnologie basiert auf den Prinzipien der Quantenmechanik, einem Bereich der Physik, der das Verhalten von Teilchen auf der kleinstmöglichen Skala beschreibt. Diese Technologie unterscheidet sich grundlegend von der klassischen Computertechnologie, die auf Bits basiert, welche entweder den Zustand 0 oder 1 annehmen können. Im Zentrum der Quantencomputertechnologie stehen Quantenbits oder Qubits, die dank der Prinzipien der Überlagerung und Verschränkung eine wesentlich komplexere Datenverarbeitung ermöglichen.

Überlagerung ist das erste Schlüsselprinzip, das Qubits ermöglicht, sich in einem Zustand zu befinden, der einer Kombination von 0 und 1 entspricht. Dies ermöglicht es einem Qubit, gleichzeitig mehrere Berechnungen durchzuführen. Diese Fähigkeit zur Parallelverarbeitung erhöht potenziell die Rechengeschwindigkeit und -effizienz von Quantencomputern gegenüber klassischen Computern bei bestimmten Aufgaben erheblich.

Das zweite Schlüsselprinzip ist die Verschränkung, ein Phänomen, bei dem der Zustand eines Qubits unmittelbar mit dem Zustand eines anderen Qubits verknüpft wird, unabhängig von der Entfernung zwischen ihnen. Diese tiefgreifende Verbindung ermöglicht eine außergewöhnlich koordinierte Datenverarbeitung über mehrere Qubits. Verschränkte Qubits können Informationen in einer Weise übermitteln, die mit klassischer Kommunikation nicht möglich ist, was für Anwendungen in der Quantenkryptographie und für Quantennetzwerke besonders wertvoll ist.

Ein weiteres wichtiges Konzept in der Quantencomputertechnologie ist die Quanteninterferenz, die genutzt wird, um die Wahrscheinlichkeiten von Qubit-Zuständen so zu überlagern, dass unerwünschte Berechnungspfade gelöscht werden, während erwünschte Pfade verstärkt werden. Dies ist entscheidend, um effiziente Algorithmen für Quantencomputer zu entwickeln, die spezifische Aufgaben lösen können, wie z.B. die Faktorisierung großer Zahlen, eine Aufgabe, bei der Quantencomputer einen theoretischen Vorteil gegenüber klassischen Computern haben.

Quantenfehlerkorrektur ist eine weitere wesentliche Überlegung. Quantenzustände sind äußerst anfällig für Störungen durch ihre Umgebung, ein Phänomen, das als "Dekohärenz" bekannt ist. Die Entwicklung von Fehlerkorrekturcodes, die die Integrität von Quanteninformationen in einem rauschenden, dekohärenten Umfeld bewahren können, ist entscheidend für den praktischen Einsatz von Quantencomputern.

Die Herausforderungen bei der Realisierung praktischer Quantencomputer sind enorm, einschließlich technischer Hindernisse bei der Herstellung und Aufrechterhaltung von Zuständen, die für die Quantenberechnung erforderlich sind, sowie der Entwicklung von

Algorithmen, die spezifisch die Vorteile von Quantencomputern nutzen. Trotz dieser Herausforderungen schreitet die Forschung und Entwicklung in der Quantencomputertechnologie voran, mit bedeutenden Fortschritten in Materialwissenschaft, Kryo-Engineering, Quantenalgorithmen und anderen Bereichen, die das Potenzial haben, die Grenzen der Berechenbarkeit und Information zu erweitern.

Qubits und ihre Eigenschaften

Die Faszination für Qubits oder Quantenbits ergibt sich aus ihrer Fähigkeit, die Grenzen der klassischen Computertechnologie zu sprengen, indem sie die exotischen Prinzipien der Quantenmechanik nutzen. Im Gegensatz zu klassischen Bits, die das Rückgrat der traditionellen Computertechnologie bilden und stets einen von zwei möglichen Zuständen, 0 oder 1, annehmen, brechen Qubits mit dieser binären Beschränkung und erlauben eine viel reichhaltigere Form der Datenverarbeitung.

Ein Schlüsselaspekt, der Qubits so besonders macht, ist ihre Fähigkeit zur Superposition. Dieses Phänomen ermöglicht es einem Qubit, sich in einem Zustand zu befinden, der eine Überlagerung von sowohl 0 als auch 1 ist. Stellen Sie sich vor, ein klassisches Bit könnte nur entweder bei Rot oder bei Grün sein, während ein Qubit gleichzeitig Rot und Grün in unterschiedlichen Graden sein kann. Diese Überlagerung erweitert exponentiell die Informationsmenge, die ein einzelnes Qubit im Vergleich zu einem klassischen Bit halten kann, und ermöglicht es, dass ein Set von Qubits simultan eine riesige Menge an verschiedenen Zuständen darstellen kann.

Ein weiteres bemerkenswertes Merkmal von Qubits ist die Quantenverschränkung, ein Zustand, in dem zwei oder mehr Qubits in einer Weise miteinander verbunden werden, dass der Zustand eines einzelnen Qubits nicht unabhängig von den Zuständen der anderen beschrieben werden kann. Diese Erfindung ermöglicht es, dass Informationen zwischen Qubits übertragen werden, selbst wenn sie räumlich getrennt sind, was zu äußerst effizienten Berechnungsprozessen führen kann. Verschränkte Qubits können koordiniert agieren, selbst über große Distanzen hinweg, ohne dass eine direkte Kommunikation zwischen ihnen stattfindet.

Die Superposition und Verschränkung zusammen schaffen die Grundlage für die überlegenen Berechnungsfähigkeiten von Quantencomputern. Durch diese Eigenschaften können Quantencomputer komplexe Probleme in einer Weise angehen, die für klassische Computer unerreichbar ist. Sie können beispielsweise bestimmte mathematische Probleme, wie die Faktorisierung großer Zahlen, viel schneller lösen, was bedeutende Implikationen für die Kryptographie hat. Ebenso könnten sie die Entwicklung neuer Medikamente revolutionieren, indem sie es ermöglichen, molekulare Interaktionen auf einer Ebene zu simulieren, die bisher unzugänglich war.

Trotz des enormen Potenzials steht die Technologie der Qubits noch am Anfang ihrer Entwicklung. Die praktische Umsetzung dieser Technologie steht vor erheblichen technischen Herausforderungen, darunter die Stabilität von Qubits zu erhöhen und sie vor äußeren Störungen zu schützen, die ihre empfindlichen Quantenzustände beeinträchtigen könnten.

Überlagerung

Die Fähigkeit der Qubits zur Überlagerung ist ein Eckpfeiler, der die Quantencomputertechnologie von der klassischen Computertechnologie unterscheidet und ihr ein außergewöhnliches Potenzial verleiht. Die Überlagerung ermöglicht es Qubits, sich in einem Zustand zu befinden, der als Kombination der klassischen Zustände 0 und 1 verstanden werden kann. Diese Zustände werden durch die Quantenmechanik beschrieben, wobei die Amplitude der Zustände die Wahrscheinlichkeit angibt, das Qubit bei einer Messung in einem der beiden klassischen Zustände zu finden. Die mathematische Darstellung eines solchen Zustands nutzt komplexe Zahlen, um sowohl die Amplitude als auch die Phase dieser Überlagerungen zu beschreiben, was zu einer reichen Struktur von Informationsmöglichkeiten führt, die weit über das hinausgeht, was mit einem einfachen Bit möglich ist.

Durch die Überlagerung können Quantencomputer parallel arbeiten, indem sie mehrere Berechnungspfade gleichzeitig erkunden. Im Gegensatz zu einem klassischen Computer, der sequenziell jeden möglichen Pfad durchlaufen muss, kann ein Quantencomputer mit n Qubits theoretisch bis zu 2^n Zustände gleichzeitig untersuchen. Diese parallele Verarbeitungskapazität ist besonders nützlich für Probleme, bei denen eine große Anzahl von möglichen Lösungen schnell durchsucht werden muss, wie beispielsweise bei der Optimierung, der Faktorisierung großer Zahlen oder bei Suchalgorithmen.

Die exponentielle Natur der Informationsverarbeitung in Quantencomputern durch Überlagerung eröffnet revolutionäre Möglichkeiten, stößt aber auch auf praktische Herausforderungen. Um diese parallele Verarbeitungskraft effektiv nutzen zu können, müssen spezifische Quantenalgorithmen entwickelt werden, die die Eigenheiten der Quantenmechanik berücksichtigen. Der wohl bekannteste Quantenalgorithmus, Shors Algorithmus zur Faktorisierung großer Zahlen, demonstriert das Potenzial von Quantencomputern, bestimmte Probleme viel effizienter zu lösen als klassische Computer.

Allerdings ist die Realisierung dieser Potenziale in der Praxis komplex. Die Überlagerungszustände sind äußerst anfällig für äußere Störungen, was zu Dekohärenz führt – dem Verlust der quantenmechanischen Zustände, die für Berechnungen notwendig sind. Die Entwicklung robuster Quantensysteme und die Aufrechterhaltung der Kohärenz über Zeiträume, die lang genug für sinnvolle Berechnungen sind, bleibt eine der größten Herausforderungen in der Quantencomputertechnologie.

Darüber hinaus erfordert die Nutzung der durch Überlagerung bereitgestellten parallelen Verarbeitungskapazität die Entwicklung neuer Programmierparadigmen und Algorithmen. Quantenprogrammierung unterscheidet sich grundlegend von klassischer Programmierung, da sie die einzigartigen Eigenschaften von Qubits, wie Überlagerung und Verschränkung, direkt nutzt, um Probleme auf neue Weise zu lösen.

Verschränkung

Die Verschränkung von Qubits verkörpert eines der schwierigsten Phänomene der Quantenphysik, das nicht nur unsere Auffassung von Raum und Zeit herausfordert, sondern auch die Grundlage für bahnbrechende Anwendungen in der Quantentechnologie bildet. Albert Einstein prägte für die Verschränkung den Ausdruck "spukhafte Fernwirkung", um seine Skepsis und Faszination gegenüber der Idee auszudrücken, dass zwei oder mehr Teilchen in einer Weise miteinander verbunden sein können, die unabhängig von der Distanz zwischen ihnen zu sein scheint. Diese Eigenschaft widersprach Einsteins Vorstellung von einer lokalen Realität, in der Objekte nur durch direkte Interaktionen in ihrer unmittelbaren Umgebung beeinflusst werden können.

In der Welt der Quantenmechanik ermöglicht die Verschränkung, dass der Zustand eines Qubits den Zustand eines anderen Qubits instantan beeinflussen kann, unabhängig davon, wie weit sie voneinander entfernt sind. Dies bedeutet, dass Messungen an einem Qubit sofortige Auswirkungen auf den Zustand eines verschränkten Qubits haben können, selbst wenn sie Lichtjahre voneinander entfernt sind. Diese nichtlokale Eigenschaft hat weitreichende Implikationen und ermöglicht völlig neue Ansätze in der Informationsverarbeitung und -übertragung.

Die Anwendungen der Quantenverschränkung in der Quantencomputertechnologie und -kommunikation sind vielfältig und revolutionär. In der Quantenkryptographie beispielsweise ermöglicht die Verschränkung extrem sichere Kommunikationsmethoden. Durch die Erzeugung verschränkter Qubit-Paare können zwei Parteien einen absolut sicheren Schlüssel austauschen, da jede Versuchung der Abhörung die Verschränkung stören und somit sofort entdeckt würde. Dies nutzt die inhärente Unsicherheit der Quantenzustände, um die Sicherheit der Kommunikation zu gewährleisten.

In der Quanteninformatik ermöglicht die Verschränkung die Durchführung komplexer Berechnungen in einer Weise, die mit klassischen Computern nicht machbar ist. Durch das Design von Algorithmen, die auf verschränkten Qubits operieren, können Quantencomputer Aufgaben wie die Simulation von Molekülen oder das Knacken von Verschlüsselungen, die klassische Computer überfordern würden, potenziell in drastisch verkürzter Zeit durchführen.

Trotz der enormen Potenziale stellt die praktische Realisierung und Aufrechterhaltung von Verschränkungszuständen in Quantensystemen eine große

Herausforderung dar. Die Erzeugung und Manipulation von verschränkten Qubits erfordert äußerst präzise Kontrolle und Abschirmung vor jeder Form von Umgebungseinflüssen, die die empfindlichen Quantenzustände stören könnten. Forschung und Entwicklung in diesem Bereich sind intensiv und zielen darauf ab, robuste Quantensysteme zu entwickeln, die die Versprechungen der Quantenverschränkung voll ausschöpfen können.

Grundlagen der Verschränkung

Die scheinbare Diskrepanz zwischen der Quantenverschränkung und der Relativitätstheorie hat zu Diskussionen und Untersuchungen in der Physik geführt. Die Relativitätstheorie, die von Albert Einstein formuliert wurde, legt fest, dass keine Information oder Wirkung schneller als das Licht reisen kann. Auf den ersten Blick könnte die Quantenverschränkung, bei der die Messung eines Qubits augenblicklich den Zustand eines anderen, räumlich getrennten Qubits bestimmt, als Verstoß gegen dieses Prinzip erscheinen. Der Schlüssel zum Verständnis, warum dies keinen Widerspruch darstellt, liegt in der Art der übertragenen Information und der Natur der Verschränkung selbst.

Bei der Verschränkung werden keine herkömmlichen Informationen oder Signale zwischen den Qubits übertragen. Stattdessen wird eine Korrelation etabliert, die erst zum Vorschein kommt, wenn Messungen durchgeführt und verglichen werden. Wenn man also ein verschränktes Qubit-Paar misst, bestimmt die Messung des einen Qubits instantan den Zustand des anderen, aber diese Veränderung kann nicht genutzt werden, um Informationen mit Überlichtgeschwindigkeit zu übermitteln. Das bedeutet, dass die Verschränkung nicht die kausale Struktur der Raumzeit verletzt, wie sie von der Relativitätstheorie beschrieben wird.

Die Korrelation zwischen verschränkten Qubits ist ein Ergebnis ihrer gemeinsamen Entstehungsgeschichte und der quantenmechanischen Gesetze, die sie beherrschen, nicht einer Übertragung von Information im klassischen Sinne. Dieses Phänomen zeigt die Nichtlokalität der Quantenmechanik auf, die besagt, dass Teile eines verschränkten Systems nicht als vollständig unabhängig voneinander betrachtet werden können, unabhängig von ihrem räumlichen Abstand. Diese Nichtlokalität stellt jedoch keinen Mechanismus für die sofortige Übertragung erkennbarer Informationen dar, wodurch die Integrität der Relativitätstheorie gewahrt bleibt.

Die Quantenverschränkung und ihre scheinbare Instantaneität stellen also keinen Widerspruch zur begrenzten Übertragungsgeschwindigkeit von Informationen gemäß der Relativitätstheorie dar. Stattdessen zwingen sie uns, unsere Vorstellungen von Kausalität und Trennung in einem Universum, das tiefgreifend von Quanteneigenschaften geprägt ist, neu zu überdenken. Dieses fein abgestimmte Zusammenspiel zwischen Quantenmechanik und Relativitätstheorie bleibt ein faszinierendes Feld für theoretische und experimentelle Forschung, das weiterhin unser Verständnis der grundlegenden Prinzipien des Universums erweitert.

Anwendungen der Verschränkung

Die einzigartigen Eigenschaften der Verschränkung haben vielfältige Anwendungen in der Quanteninformationstheorie und -technologie.

Quantenkryptographie

Das BB84-Protokoll, das von Charles Bennett und Gilles Brassard im Jahr 1984 vorgestellt wurde, ist ein Meilenstein in der Quantenkryptographie und markiert den Beginn einer neuen Ära in der sicheren Kommunikation.

Obwohl das BB84-Protokoll selbst nicht direkt auf der Quantenverschränkung basiert, sondern auf den Prinzipien der Quantenmechanik, insbesondere der Unbestimmtheit, gibt es verwandte Protokolle, die die Verschränkung nutzen, um die Sicherheit weiter zu erhöhen. Das grundlegende Prinzip hinter BB84 und verwandten Protokollen ist die Nutzung einzigartiger Quanteneigenschaften zur Erzeugung und Überprüfung eines sicheren Schlüssels, der dann für die Verschlüsselung von Nachrichten verwendet werden kann.

Im BB84-Protokoll sendet der Sender, oft Alice genannt, eine Reihe von Qubits an den Empfänger, Bob, wobei jedes Qubit in einem von vier möglichen Zuständen vorliegt. Diese Zustände repräsentieren zwei unterschiedliche Basen (zum Beispiel die Polarisation von Photonen), und die Qubits werden in einer zufällig gewählten Basis gesendet. Bob misst jedes ankommende Qubit ebenfalls in einer zufällig gewählten Basis. Nachdem alle Qubits übertragen wurden, teilen Alice und Bob öffentlich die Basen mit, in denen sie gesendet bzw. gemessen wurden, ohne die Ergebnisse der Messungen preiszugeben. Qubits, bei denen die Basen übereinstimmen, werden verwendet, um den Schlüssel zu generieren, während die anderen verworfen werden.

Die Sicherheit des Protokolls basiert auf zwei wichtigen Quantenprinzipien. Erstens, die Heisenbergsche Unschärferelation besagt, dass der Messprozess eines Quantenzustands diesen unweigerlich stört, wenn der Zustand nicht in der richtigen Basis gemessen wird. Zweitens, die No-Cloning-Theorem der Quantenmechanik verbietet die Erstellung exakter Kopien unbekannter Quantenzustände. Diese Eigenschaften gewährleisten, dass jeder Versuch eines Lauschers, den Schlusselaustausch abzuhören, unweigerlich Spuren hinterlässt, indem die Messergebnisse von Alice und Bob beeinflusst werden. Durch Vergleichen einer Teilmenge ihrer Messergebnisse können Alice und Bob feststellen, ob Sicherheit gewährleistet ist. Wenn die Fehlerquote unter einem bestimmten Schwellenwert liegt, können sie davon ausgehen, dass der Austausch sicher war; andernfalls müssen sie annehmen, dass der Schlüssel kompromittiert wurde und der Prozess wiederholt werden muss.

Während BB84 und seine Derivate bereits ein hohes Maß an Sicherheit bieten, erweitern Protokolle, die auf der Quantenverschränkung basieren, wie das Ekert-Protokoll (E91), die Sicherheitsmerkmale durch die Nutzung verschränkter Qubit-Paare. Hier führt jeder Versuch des Lauschens nicht nur zu einer Störung, die detektiert werden kann, sondern die Verschränkung selbst bietet eine noch stärkere Basis für die Sicherheit, da die Korrelationen zwischen verschränkten Qubits zur Schlüsselerzeugung und -überprüfung verwendet werden.

Diese Fortschritte in der Quantenkryptographie versprechen eine nahezu unknackbare Sicherheit, da sie auf den grundlegenden Gesetzen der Physik und nicht nur auf der Komplexität mathematischer Probleme basieren. Die kontinuierliche Entwicklung und Implementierung dieser Technologien könnten die Zukunft der sicheren Kommunikation grundlegend verändern.

Quantencomputing

Die Verschränkung spielt eine zentrale Rolle in der außergewöhnlichen Leistungsfähigkeit von Quantencomputern, indem sie ermöglicht, dass Zustände und Operationen über mehrere Qubits hinweg koordiniert werden, was zu einer exponentiellen Steigerung der Informationsverarbeitungskapazität gegenüber klassischen Computern führt. Diese Fähigkeit ist besonders wichtig für die Implementierung fortschrittlicher Quantenalgorithmen, wie Shors Algorithmus zur Faktorisierung großer Zahlen und Grovers Algorithmus zur effizienten Durchsuchung von Datenbanken.

Shors Algorithmus ist vielleicht das bekannteste Beispiel für die Überlegenheit von Quantencomputern für spezifische Aufgaben. Traditionelle Algorithmen zur Faktorisierung großer Zahlen, eine Aufgabe, die für die Sicherheit vieler heutiger Kryptographiesysteme von entscheidender Bedeutung ist, benötigen mit steigender Größe der Zahlen exponentiell mehr Rechenzeit. Shors Quantenalgorithmus kann diese Zahlen jedoch in polynomialer Zeit faktorisieren, was bedeutet, dass er mit der Zunahme der Zahlenlänge nur moderat mehr Rechenressourcen benötigt. Dieser Effizienzgewinn könnte theoretisch die Sicherheit der meisten aktuellen Verschlüsselungssysteme kompromittieren, da sie auf der Schwierigkeit der Faktorisierung großer Zahlen basieren.

Grovers Algorithmus hingegen bietet einen quadratischen Geschwindigkeitsvorteil für die Suche in unsortierten Datenbanken. Während ein klassischer Algorithmus im Durchschnitt die Hälfte aller Einträge durchsuchen muss, bevor er den gewünschten Eintrag findet, reduziert Grovers Algorithmus die Anzahl der notwendigen Suchschritte auf die Quadratwurzel der Gesamtanzahl der Einträge. Dies bedeutet, dass für eine Datenbank mit einer Million Einträgen statt 500.000 Suchoperationen nur etwa 1.000 benötigt werden. Obwohl dieser Vorteil nicht so dramatisch ist wie der von Shors Algorithmus für die Faktorisierung, könnte er für bestimmte Anwendungen, wie beispielsweise in der Kryptographie und bei der Lösung bestimmter Optimierungsprobleme, erhebliche Auswirkungen haben.

Die Implementierung dieser Algorithmen auf einem Quantencomputer erfordert die sorgfältige Kontrolle der Verschränkung zwischen Qubits. Die Verschränkung ermöglicht es den Qubits, in einem kohärenten Zustand zu interagieren, der für die parallele Ausführung von Berechnungen über exponentiell viele Zustände hinweg notwendig ist. Diese parallele Verarbeitungsfähigkeit ist der Schlüssel zur Überlegenheit von Quantencomputern bei bestimmten Aufgaben.

Trotz des beeindruckenden Potenzials dieser Algorithmen sind die praktischen Herausforderungen bei der Realisierung leistungsfähiger Quantencomputer erheblich. Dazu gehören die Erzeugung und Aufrechterhaltung der Verschränkung über eine große Anzahl von Qubits, die Minimierung von Fehlern durch Quantendekohärenz und das allgemeine Problem der Skalierbarkeit von Quantensystemen. Die Forschung in diesen Bereichen ist jedoch sehr aktiv, und Fortschritte bei der Entwicklung von Fehlerkorrekturmechanismen und der Herstellung stabilerer Qubits lassen hoffen, dass Quantencomputer, die diese Algorithmen effektiv nutzen können, in der Zukunft realisiert werden.

Quantenteleportation

Die Quantenteleportation ist ein faszinierendes Phänomen, das direkt aus den einzigartigen Eigenschaften der Quantenverschränkung resultiert und das Potenzial hat, die Art und Weise, wie Informationen übertragen werden, grundlegend zu verändern. Im Kern ermöglicht die Quantenteleportation die Übertragung des Quantenzustands eines Qubits auf ein anderes Qubit über beliebige Entfernungen, ohne dass eine physische Übertragung des Qubits selbst oder seiner individuellen Eigenschaften erforderlich ist. Dieses Konzept mag anfangs wie Science-Fiction klingen, basiert jedoch auf soliden physikalischen Prinzipien und ist bereits experimentell demonstriert worden.

Die Prozedur der Quantenteleportation beginnt mit einem Paar verschränkter Qubits, das zwischen zwei

Parteien, oft Alice und Bob genannt, aufgeteilt wird. Alice besitzt ein weiteres Qubit, dessen Zustand sie an Bob übertragen möchte. Um die Teleportation durchzuführen, führt Alice eine spezielle Messung an ihrem Qubit und ihrem Teil des verschränkten Paares durch. Diese Messung verändert den Zustand ihres verschränkten Qubits in einer Weise, die von dem Zustand des zu teleportierenden Qubits abhängt, obwohl diese beiden Qubits niemals direkt miteinander interagiert haben.

Das entscheidende Element hierbei ist, dass die Messung von Alice auch den Zustand des bei Bob befindlichen Qubits beeinflusst, dank der magischen Verbindung, die durch die Verschränkung entsteht. Allerdings weiß Bob zu diesem Zeitpunkt noch nicht, in welchem Zustand sich sein Qubit befindet. Um den ursprünglichen Zustand des Qubits von Alice genau zu rekonstruieren, muss Alice ihm das Ergebnis ihrer Messung über einen klassischen Kommunikationskanal mitteilen. Mit diesen Informationen kann Bob dann eine Reihe von Operationen auf seinem Qubit durchführen, um den exakten Zustand des ursprünglichen Qubits von Alice zu rekonstruieren.

Es ist wichtig zu betonen, dass bei der Quantenteleportation keine Information schneller als das Licht übertragen wird. Die Notwendigkeit, das Ergebnis der Messung über einen klassischen Kanal zu übermitteln, stellt sicher, dass die Quantenteleportation nicht gegen die Relativitätstheorie verstößt. Darüber hinaus wird keine

Materie oder Energie im eigentlichen Sinne übertragen; stattdessen wird der Zustand eines Qubits übertragen, was eine subtilere Form der Informationsübertragung darstellt.

Die Quantenteleportation hat bedeutende Implikationen für die Entwicklung von Quantennetzwerken und die Quantenkommunikation. Sie ermöglicht die sichere Übertragung von Quanteninformationen über große Entfernungen und ist ein Schlüsselkonzept für die Realisierung von Quanteninternet, bei dem Informationen auf Quantenzuständen basieren und somit ein neues Niveau der Sicherheit und Effizienz erreichen können. Darüber hinaus könnte die Quantenteleportation in zukünftigen Quantencomputersystemen verwendet werden, um Quanteninformationen zwischen verschiedenen Teilen eines Quantencomputers oder sogar zwischen verschiedenen Quantencomputern zu übertragen, was die Entwicklung skalierbarer Quantencomputersysteme und komplexer Quantennetzwerke erheblich vorantreiben könnte.

Probleme der Verschränkung

Die praktische Nutzung der Quantenverschränkung steht noch vor zahlreichen Herausforderungen. Die Erzeugung und Aufrechterhaltung von verschränkten Zuständen ist technisch anspruchsvoll, da Qubits äußerst anfällig für Dekohärenz durch Umgebungseinflüsse sind. Die Entwicklung von Technologien, die stabile Verschränkungszustände über längere Zeiträume und über größere Distanzen hinweg ermöglichen, ist ein aktives Forschungsfeld.

Kohärenz und Dekohärenz

Die Konzepte von Kohärenz und Dekohärenz sind zentral für das Verständnis und die Entwicklung von Quantencomputertechnologie. Sie betreffen die Stabilität der Quantenzustände, die für die Realisierung von Berechnungen in Quantencomputern unerlässlich sind.

Kohärenz

Kohärenz in der Quantenwelt ist ein zentrales Konzept, das die grundlegende Fähigkeit von Quantensystemen beschreibt, sich in einem wohldefinierten Zustand der Überlagerung oder Verschränkung zu befinden und diesen Zustand über Zeit aufrechtzuerhalten.

Diese Fähigkeit ist essenziell für die Funktionsweise von Quantencomputern, da sie die Grundlage für die Durchführung von Quantenberechnungen bildet. Die Kohärenzzeit definiert dabei das kritische Zeitfenster, innerhalb dessen Quanteninformationen verarbeitet werden können, bevor unvermeidliche Wechselwirkungen mit der Umgebung – ein Prozess, der als Dekohärenz bekannt ist – die Quantenzustände derart stören, dass sie ihre quantenmechanischen Eigenschaften verlieren.

Längere Kohärenzzeiten zu erreichen, ist einer der wichtigsten Forschungsschwerpunkte in der Entwicklung von Quantencomputern, da sie direkt die Leistungsfähigkeit und Praktikabilität dieser Systeme beeinflussen. Je länger die Kohärenzzeit eines Qubits ist, desto mehr Operationen können theoretisch darauf ausgeführt werden, bevor die Dekohärenz die Berechnungen unzuverlässig macht. Dies ermöglicht komplexere Algorithmen und die Lösung anspruchsvollerer Probleme. Um die Kohärenzzeiten zu erhöhen, erforschen Wissenschaftler verschiedene Ansätze, wie die Verbesserung der physikalischen Isolation von Qubits, die Entwicklung von Qubits, die weniger anfällig für Umwelteinflüsse sind, und die Anwendung fortgeschrittener Fehlerkorrekturverfahren, die die Auswirkungen der Dekohärenz kompensieren können.

Darüber hinaus ist die Kohärenzzeit ein entscheidender Faktor für die Skalierbarkeit von Quantencomputern. Für praktische Anwendungen müssen Quantensysteme in der Lage sein, Tausende oder sogar Millionen von Qubits zu verarbeiten und dabei eine ausreichende Kohärenzzeit aufrechtzuerhalten, um sinnvolle Berechnungen durchzuführen. Dies erfordert nicht nur Fortschritte in der Materialwissenschaft und der Quantentechnologie, sondern auch in der theoretischen Physik und der Algorithmik, um effiziente Methoden zur Nutzung und zum Schutz der Kohärenz in komplexen Quantensystemen zu entwickeln.

Dekohärenz

Dekohärenz ist eines der größten Hindernisse auf dem Weg zur Entwicklung und Skalierung von Quantencomputern. Sie stellt eine fundamentale Herausforderung dar, da sie die Fähigkeit von Quantencomputern, Informationen zu speichern und zu verarbeiten, direkt beeinträchtigt. Der Prozess der Dekohärenz führt dazu, dass die Quantenzustände von Qubits mit ihrer Umgebung "verschmelzen", wodurch die charakteristischen Quanteneigenschaften wie Superposition und Verschränkung verloren gehen. In der Praxis bedeutet dies, dass Qubits ihren Zustand nicht lang genug aufrechterhalten können, um komplexe Berechnungen durchzuführen, bevor sie zu einem klassischen Zustand degradieren, in dem sie wie herkömmliche Bits funktionieren.

Die Wechselwirkungen, die zur Dekohärenz führen, können vielfältiger Natur sein, einschließlich thermischer, elektromagnetischer und sogar kosmischer Einflüsse. Jede noch so geringe Interaktion mit der externen Umgebung kann ausreichen, um die fragile Quantenüberlagerung eines Qubits zu stören. Daher erfordert die Aufrechterhaltung der Quantenkohärenz extrem kontrollierte Umgebungsbedingungen, wie tiefe Kälte nahe dem absoluten Nullpunkt und den Einsatz von Abschirmungen gegen elektromagnetische Strahlung.

Die Forschung im Bereich der Quantencomputertechnologie konzentriert sich stark darauf, Wege zu finden, um Dekohärenz zu minimieren und die Kohärenzzeiten von

Qubits zu verlängern. Ein Ansatz ist die Entwicklung von Qubits, die inhärent widerstandsfähiger gegen Dekohärenz sind. Dazu gehören beispielsweise topologische Qubits, die auf den Prinzipien der topologischen Quantencomputers einzusetzen und theoretisch stabiler gegenüber lokalen Störungen sind. Ein weiterer Ansatz ist die Anwendung dynamischer Korrekturverfahren und Fehlerkorrekturcodes, die es ermöglichen, Fehler zu erkennen und zu korrigieren, die durch Dekohärenz entstehen, ohne die Quanteninformation selbst zu messen oder zu stören.

Kontrolle der Dekohärenz

Die Kontrolle oder Minimierung der Dekohärenz ist eine wesentliche technische Herausforderung in der Quantencomputertechnologie. Forscher und Ingenieure entwickeln verschiedene Strategien, um die Kohärenzzeiten von Qubits zu verlängern und Dekohärenzeffekte zu minimieren:

Isolierung von Qubits

Die Minimierung von Wechselwirkungen zwischen Qubits und ihrer Umgebung ist entscheidend, um die Dekohärenz zu verzögern und die Leistung von Quantencomputern zu verbessern. Verschiedene technologische Lösungen und fortgeschrittene Techniken werden angewandt, um die externen Störungen, die zu Dekohärenz führen, so gering wie möglich zu halten. Hier sind einige der wichtigsten Methoden, die in der Quantencomputertechnologie verwendet werden:

- Vakuumkammern: Vakuumkammern spielen eine wichtige Rolle bei der Reduzierung von Dekohärenz, indem sie Luft und andere Gase entfernen, die mit den Qubits interagieren könnten. Durch die Schaffung einer nahezu partikelfreien Umgebung verringert sich die Wahrscheinlichkeit von Kollisionen zwischen den Qubits und Luftmolekülen, was zu einer stabileren Quantenumgebung führt. Dies ist besonders wichtig für Experimente und Quantencomputer, die auf Systemen wie ionenfallenbasierten Qubits beruhen, bei denen geladene Teilchen als Qubits dienen.
- Kryokühlung: Die Kryokühlung ist eine weitere kritische Technologie zur Verzögerung der Dekohärenz. Viele Quantencomputersysteme, insbesondere solche, die auf supraleitenden Qubits basieren, erfordern extrem niedrige Temperaturen, oft nur wenige Millikelvin über dem absoluten Nullpunkt. Bei diesen Temperaturen werden fast alle thermischen Aktivitäten stark reduziert, was die Wechselwirkung der Qubits mit ihrer Umgebung minimiert und die Kohärenzzeiten verlängert. Die Kryokühlung trägt auch dazu bei, die thermische Anregung der Qubits selbst zu reduzieren, was eine weitere potenzielle Quelle für Dekohärenz ist.

- Abschirmung: Die Abschirmung gegen elektromagnetische Strahlung ist entscheidend, um externe Störungen zu minimieren, die die Quantenzustände der Qubits stören könnten. Dies umfasst den Schutz vor Radiofrequenzstrahlung, magnetischen Feldern und sogar kosmischer Strahlung. Durch den Einsatz von Materialien, die elektromagnetische Wellen absorbieren oder reflektieren, können Forscher die Integrität der Quanteninformation in den Qubits bewahren.
- Neben physischen Abschirmtechniken entwickeln Forscher auch fortgeschrittene Fehlerkorrekturcodes und Techniken der dynamischen Dekohärenzunterdrückung. Diese Methoden zielen darauf ab, die Auswirkungen von Dekohärenz zu korrigieren oder zu kompensieren, selbst wenn sie auftritt. Durch die Anwendung komplexer Algorithmen können Quantencomputer potenzielle Fehler erkennen und korrigieren, ohne die Quanteninformation selbst zu zerstören.
- Entwicklung neuer Qubit-Systeme: Schließlich wird an der Entwicklung neuer Arten von Qubits gearbeitet, die natürlicherweise weniger anfällig für Dekohärenz sind. Dies könnte die Notwendigkeit extrem strenger Umweltkontrollen verringern und die praktische Anwendung von Quantencomputern erleichtern.

Diese Methoden und Technologien sind wichtig für die Fortschritte in der Quantencomputertechnologie und die Überwindung der Herausforderungen, die die Dekohärenz darstellt. Durch die kontinuierliche Verbesserung dieser Techniken und die Entwicklung neuer Ansätze zur Kontrolle der Quantenumgebung streben Wissenschaftler danach, die Grenzen dessen, was mit Quantencomputern möglich ist, weiter zu verschieben.

Fehlerkorrektur und Fehlertoleranz

Die Entwicklung von Quantenfehlerkorrekturcodes und fehlertoleranten Algorithmen stellt einen entscheidenden Fortschritt in der Quantencomputertechnologie dar. Diese Ansätze ermöglichen es Quantencomputern, trotz der unvermeidlichen Dekohärenz und anderer Fehlerquellen korrekte Berechnungen durchzuführen. Quantenfehlerkorrekturcodes arbeiten, indem sie Quanteninformationen über mehrere Qubits verteilen, sodass selbst wenn einige Qubits durch Dekohärenz oder andere Störungen beeinträchtigt werden, die ursprüngliche Information aus den verbleibenden fehlerfreien Qubits rekonstruiert werden kann.

- Quantenfehlerkorrektur: Die Grundidee der Quantenfehlerkorrektur ähnelt der klassischen Fehlerkorrektur, ist aber aufgrund der Quantennatur der Informationen – wie Superposition und Verschränkung – wesentlich komplexer. Quantenfehlerkorrekturcodes nutzen die Verschränkung, um Quantenzustände so über eine

Gruppe von Qubits zu verteilen, dass Fehler, die ein einzelnes Qubit oder eine kleine Gruppe von Qubits betreffen, erkannt und korrigiert werden können, ohne die Quanteninformation selbst zu messen. Dies ermöglicht es, die zerstörerischen Effekte der Dekohärenz zu umgehen, da die Information nicht in den individuellen Qubits, sondern in ihrem kollektiven Zustand gespeichert ist.

- Fehlertolerante Algorithmen: Fehlertolerante Quantenalgorithmen sind solche, die so entworfen wurden, dass sie auch bei der Präsenz von Fehlern, die durch die Unvollkommenheiten der Qubits und Operationen entstehen, korrekt funktionieren. Diese Algorithmen sind so gestaltet, dass sie die durch Fehlerkorrekturcodes bereitgestellten Korrekturen effektiv nutzen können, um sicherzustellen, dass die Berechnungen zuverlässige Ergebnisse liefern.
- Anforderungen an Ressourcen: Die Implementierung von Quantenfehlerkorrektur und fehlertoleranten Algorithmen erfordert eine erhebliche Erhöhung der Anzahl der Qubits in einem Quantencomputer. Für jeden logischen Qubit, der für Berechnungen verwendet wird, sind möglicherweise Dutzende oder sogar Hunderte von physischen Qubits erforderlich, um die nötige Redundanz für effektive Fehlerkorrektur zu bieten. Diese Anforderung stellt eine bedeutende technische Herausforderung dar, da sie die bereits

bestehenden Schwierigkeiten bei der Skalierung von Quantencomputersystemen und der Aufrechterhaltung der Kohärenz über eine große Anzahl von Qubits hinweg verstärkt.

Trotz der Herausforderungen bieten Quantenfehlerkorrektur und fehlertolerante Algorithmen einen machbaren Weg, um zuverlässige Quantenberechnungen zu ermöglichen und sind somit ein aktives Forschungsgebiet. Die kontinuierliche Verbesserung der Qubit-Qualität, die Erhöhung der Kohärenzzeiten und die Entwicklung effizienterer Fehlerkorrekturcodes könnten dazu beitragen, die erforderliche Anzahl von physischen Qubits zu reduzieren und praktikable fehlertolerante Quantencomputer Realität werden zu lassen.

Dynamische Dekohärenzunterdrückung

Dynamische Dekohärenzunterdrückung (Dynamic Decoherence Suppression, DDS) repräsentiert eine fortschrittliche Strategie zur Bekämpfung der Dekohärenz in Quantensystemen. Diese Technik umfasst den Einsatz von speziell entwickelten Kontrollsequenzen, um die negativen Auswirkungen von Umgebungsstörungen auf die Kohärenz von Qubits zu minimieren. DDS zielt darauf ab, die Kohärenzzeiten von Qubits aktiv zu verlängern, indem externe und interne Störeinflüsse, die zur Dekohärenz führen, ausgeglichen werden. Dies ermöglicht es den Qubits, ihre quantenmechanischen Zustände über längere Zeiträume hinweg zu bewahren, was für die Durchführung komplexer Quantenberechnungen entscheidend ist.

- Grundprinzipien der dynamischen Dekohärenzunterdrückung: Die dynamische Dekohärenzunterdrückung basiert auf der präzisen Manipulation von Qubits durch eine Sequenz von Kontrollpulsen. Diese Pulse sind so konzipiert, dass sie spezifische Arten von Störeinflüssen, die auf ein Qubit wirken, erkennen und neutralisieren können. Die Kontrollsequenzen wirken ähnlich wie ein Stabilisierungssystem, das die Qubits vor den "Stößen" der äußeren Welt schützt.
- Implementierung: Die Implementierung von DDS erfordert ein tiefes Verständnis der spezifischen Mechanismen, die zur Dekohärenz in einem gegebenen Quantensystem führen. Dazu gehört das Wissen über die Arten von Störungen, ihre Frequenzen und Amplituden. Mit diesen Informationen können Forscher maßgeschneiderte Kontrollsequenzen entwickeln, die gezielt gegen diese Störungen wirken. Die Sequenzen können aus einer Vielzahl von physikalischen Operationen bestehen, wie beispielsweise elektromagnetischen Pulsen, die auf die Qubits gerichtet sind, um ihre Zustände im Laufe der Zeit zu korrigieren und stabil zu halten.

Obwohl die dynamische Dekohärenzunterdrückung ein vielversprechender Ansatz ist, bringt sie auch

Herausforderungen mit sich. Die Entwicklung effektiver Kontrollsequenzen erfordert eine genaue Kenntnis der spezifischen Dynamik des Quantensystems und der Wechselwirkungen mit seiner Umgebung. Darüber hinaus müssen die Kontrollpulse mit großer Präzision angewendet werden, um ungewollte Störungen zu vermeiden, die zusätzliche Fehler in das System einführen könnten. Dies erfordert hochentwickelte experimentelle Techniken und die Fähigkeit, Quantensysteme mit außerordentlicher Genauigkeit zu manipulieren.

Trotz der technischen Herausforderungen bietet die dynamische Dekohärenzunterdrückung einen vielversprechenden Weg, um die Leistungsfähigkeit von Quantencomputern zu verbessern. Indem sie die Kohärenzzeiten verlängert, eröffnet sie die Möglichkeit, komplexere Algorithmen auszuführen und die Grenzen dessen, was mit Quantentechnologie erreicht werden kann, zu erweitern. Die kontinuierliche Forschung und Entwicklung auf diesem Gebiet könnte zu noch effektiveren Methoden der Dekohärenzunterdrückung führen und einen wichtigen Beitrag zur Realisierung praktisch einsetzbarer Quantencomputer leisten.

Bedeutung für die Quantencomputertechnologie

Die anhaltenden Forschungsbemühungen im Bereich der Quantencomputertechnologie zielen darauf ab, die Herausforderungen der Kohärenzerhaltung und Dekohärenzkontrolle zu meistern, um die Grundlage für praktisch einsetzbare Quantensysteme zu schaffen. Die

Fähigkeit, Quantenzustände über längere Zeiträume stabil zu halten, ist von entscheidender Bedeutung, da sie direkt die Komplexität und Art der Probleme beeinflusst, die mit Quantencomputern gelöst werden können. Fortschritte in diesen Bereichen könnten Quantencomputer in die Lage versetzen, Aufgaben zu bewältigen, die für klassische Computer aufgrund von Rechenzeit- oder Ressourcenbeschränkungen unpraktikabel oder unmöglich sind.

- Materialwissenschaft: Ein Schlüsselaspekt der Forschung konzentriert sich auf die Entwicklung neuer Materialien und Qubit-Designs, die inhärent widerstandsfähiger gegen Umwelteinflüsse sind und somit längere Kohärenzzeiten ermöglichen. Durch die Entdeckung und Anwendung von Materialien, die bei höheren Temperaturen oder unter weniger restriktiven Bedingungen betrieben werden können, könnten die Betriebskosten und die Komplexität von Quantencomputersystemen erheblich reduziert werden.
- Fehlerkorrektur und Fehlertoleranz: Die Verbesserung und Implementierung von Quantenfehlerkorrekturcodes und fehlertoleranten Algorithmen ist ein weiterer wesentlicher Forschungsbereich. Diese Techniken erlauben es, Fehler, die durch unvermeidliche Dekohärenzprozesse entstehen, zu erkennen und zu korrigieren, wodurch die Zuverlässigkeit von Quantenberechnungen erhöht wird. Die Entwicklung

effizienterer Fehlerkorrekturverfahren könnte die Anzahl der benötigten physischen Qubits pro logischem Qubit reduzieren und die Praktikabilität von Quantencomputern verbessern.
- Kontroll- und Abschirmtechniken: Forschung in fortgeschrittenen Kontroll- und Abschirmtechniken, einschließlich dynamischer Dekohärenzunterdrückung, zielt darauf ab, die Wechselwirkungen von Qubits mit ihrer Umgebung präzise zu steuern. Durch die Anwendung spezifischer Pulssequenzen und das Design von Systemen, die gegen externe Störungen geschützt sind, können Wissenschaftler die Effekte der Dekohärenz minimieren. Die Weiterentwicklung dieser Technologien verspricht eine erhebliche Verlängerung der Kohärenzzeiten.
- Skalierbarkeit und Systemintegration: Um praktisch nutzbare Quantensysteme zu realisieren, ist es notwendig, Lösungen für die Skalierung von Quantencomputern zu finden, die eine große Anzahl von Qubits effizient integrieren und verwalten können. Dies umfasst die Entwicklung von Architekturen und technologischen Plattformen, die eine zuverlässige Kommunikation und Interaktion zwischen Qubits über größere Distanzen und in komplexen Netzwerken ermöglichen.

Die Realisierung dieser Ziele erfordert eine multidisziplinäre Zusammenarbeit zwischen Physikern,

Ingenieuren, Materialwissenschaftlern und Informatikern. Der fortlaufende Fortschritt in diesen Bereichen verspricht nicht nur die Entwicklung von Quantencomputern, die komplexe Probleme effizient lösen können, sondern auch die Erschließung neuer Forschungsgebiete und Anwendungen in der Kryptographie, Materialwissenschaft, chemischen Synthese und vielen anderen Feldern. Die kontinuierliche Verbesserung der Leistungsfähigkeit von Quantencomputern wird zweifellos unser Verständnis der Welt erweitern und könnte die Tür zu einer neuen Ära der Technologie öffnen.

Anwendungen der Quanteninterferenz

Quanteninterferenz ist ein Phänomen, das aus den Grundprinzipien der Quantenmechanik erwächst. Es illustriert, wie Quantenteilchen, wie Elektronen, Photonen oder ganze Atome, Welleneigenschaften aufweisen können. Diese Fähigkeit von Teilchen, sich durch Raum und Zeit zu bewegen und dabei Wellenmuster zu erzeugen, die sich überlagern können, führt zu Interferenzmustern, die man normalerweise mit klassischen Wellen, wie Wasserwellen oder Schallwellen, assoziiert.

Quantenparallelismus

Die einzigartige Fähigkeit von Quantencomputern, mehrere Berechnungen gleichzeitig durchzuführen, ist eng mit dem Phänomen der Quanteninterferenz verknüpft. Diese Eigenschaft erlaubt es

Quantencomputern, ihre immense Rechenkraft auszuschöpfen und bietet einen fundamentalen Vorteil gegenüber klassischen Computern.

Quanteninterferenz ermöglicht es, die Amplituden der Wellenfunktionen, die den verschiedenen Quantenzuständen entsprechen, so zu überlagern, dass konstruktive Interferenz die Wahrscheinlichkeit der gewünschten Ergebnisse erhöht, während destruktive Interferenz die Wahrscheinlichkeiten unerwünschter Ergebnisse verringert. Durch sorgfältig gestaltete Quantenoperationen (Quantengatter) können die Phasen der Qubits so angepasst werden, dass ihre Wellenfunktionen am Ende der Berechnung auf die gewünschte Weise interferieren. Beispiele hierfür sind:

- Shors Algorithmus: Nutzt Quanteninterferenz, um die Faktorisierung großer Zahlen effizient durchzuführen. Die Interferenzmuster, die durch die Quantenberechnungen erzeugt werden, helfen dabei, die Periodizität einer Funktion zu bestimmen, was ein Schlüsselschritt beim Faktorisieren ist.
- Grovers Algorithmus: Ein Suchalgorithmus, der die Quanteninterferenz nutzt, um die Wahrscheinlichkeit des korrekten Suchergebnisses in einer unsortierten Datenbank zu verstärken, wodurch die Lösung viel schneller gefunden wird als mit jedem klassischen Algorithmus.

Die Herausforderung bei der Nutzung der Quanteninterferenz liegt in der präzisen Kontrolle der Qubit-Phasen und der Aufrechterhaltung der Kohärenz der Qubits über die Zeit. Jegliche Form von Dekohärenz kann die Interferenzmuster stören und die Rechenleistung beeinträchtigen. Fortschritte in den Bereichen der Fehlerkorrektur, Qubit-Design und Systemabschirmung sind entscheidend, um diese Herausforderungen zu überwinden und die volle Leistungsfähigkeit der Quanteninterferenz nutzbar zu machen.

Quantenkryptographie

Die Quanteninterferenz spielt auch in der Quantenkryptographie eine wichtige Rolle, insbesondere in Protokollen wie BB84, das für den sicheren Schlüsselaustausch konzipiert wurde. Während das BB84-Protokoll hauptsächlich auf den Prinzipien der Quantenunsicherheit und der No-Cloning-Theorie basiert, kann das Konzept der Quanteninterferenz in verwandten Quantenkommunikationsszenarien oder in Erweiterungen von BB84 und anderen Protokollen, die auf Interferenzeffekten aufbauen, eine zentrale Rolle spielen.

Im Kern nutzt das BB84-Protokoll die Quantenunsicherheit, indem es Quantenzustände in verschiedenen Basen sendet und empfängt. Ein Abhörversuch in diesem Kontext stört unweigerlich den Zustand der Qubits aufgrund des Messprozesses, was zu erkennbaren Fehlern im Schlüsselaustausch führt. Diese Störung kann als eine Veränderung in den Erwartungen bezüglich der

Quanteninterferenzmuster interpretiert werden, obwohl das Protokoll direkt auf der Unmöglichkeit basiert, den Zustand eines Quantensystems ohne Störung zu messen. Dazu später mehr.

In anderen Kontexten der Quantenkryptographie, wie etwa bei Quantenschlüsselverteilungsprotokollen, die explizit auf Quanteninterferenzmustern basieren, ist die Rolle der Quanteninterferenz direkter. Protokolle, die auf der Überlagerung und Interferenz von Quantenzuständen aufbauen, nutzen die empfindlichen Interferenzmuster, um die Integrität der Kommunikation zu überwachen. Jegliche Eingriffe durch einen Lauscher verändern die Interferenzmuster in einer Weise, die von den kommunizierenden Parteien detektiert werden kann.

In Protokollen, die auf Quanteninterferenz basieren, wird typischerweise eine Reihe von Qubits in speziell präparierten Zuständen gesendet, die bestimmte Interferenzmuster erzeugen sollen. Ein Eingriff oder Messversuch durch einen Dritten würde diese Muster stören. Diese Störung würde sich in einer erhöhten Fehlerquote in den übertragenen Daten manifestieren, was den Teilnehmern signalisiert, dass die Sicherheit ihrer Kommunikation kompromittiert wurde.

Die Weiterentwicklung der Quantenkryptographie könnte verstärkt auf die Ausnutzung der Quanteninterferenz setzen, um noch sicherere Kommunikationsprotokolle zu entwickeln. Da die Interferenzmuster äußerst sensibel auf Störungen reagieren, bieten sie ein starkes

Werkzeug, um die Sicherheit von übertragenen Informationen zu gewährleisten. Experimente und Protokolle, die auf der verteilten Quanteninterferenz basieren, könnten die Grundlage für zukünftige Quantenkommunikationsnetzwerke bilden, die eine noch nie dagewesene Sicherheit bieten.

Die Nutzung der Quanteninterferenz in praktischen Anwendungen stellt auch Herausforderungen dar, insbesondere die Notwendigkeit, hohe Kohärenzraten der Qubits über die Zeit zu erhalten. Jegliche Form von Dekohärenz kann die Interferenzmuster stören und somit die Genauigkeit und Zuverlässigkeit von Quantenberechnungen beeinträchtigen.

Fazit

Quanteninterferenz ist ein fundamentales Prinzip der Quantenmechanik und bildet das Rückgrat vieler Technologien und Methoden in der Welt der Quantencomputer. Durch das Verständnis und die Manipulation von Quanteninterferenzmustern können Forscher die Grenzen der Informationsverarbeitung erweitern und neue Möglichkeiten in der Computertechnologie, Kryptographie und darüber hinaus eröffnen. Trotz der technischen Herausforderungen, die mit der Realisierung kohärenter und skalierbarer Quantensysteme verbunden sind, verspricht die weitere Erforschung der Quanteninterferenz spannende Fortschritte auf dem Weg zur vollständigen Realisierung des Potenzials von Quantencomputern.

Klassische Computer vs. Quantencomputer

Der Vergleich zwischen klassischen Computern und Quantencomputern beleuchtet nicht nur den Unterschied in ihrer Arbeitsweise, sondern auch in ihren potenziellen Anwendungen und Grenzen. Während klassische Computer die Grundlage der heutigen digitalen Technologie bilden, bieten Quantencomputer eine grundlegend neue Art der Informationsverarbeitung, die auf den Prinzipien der Quantenmechanik basiert.

Grundlegende Arbeitsprinzipien

Der grundlegende Unterschied zwischen klassischen Computern und Quantencomputern liegt in der Art und Weise, wie sie Informationen verarbeiten und speichern. Diese Unterschiede eröffnen für Quantencomputer Potenziale, die weit über das hinausgehen, was mit klassischen Computern möglich ist, insbesondere bei bestimmten Arten von Problemen.

Klassische Computer basieren auf Bits als grundlegende Informationseinheiten. Ein Bit ist die kleinste Datenmenge und kann einen von zwei Zuständen haben: 0 oder 1. Diese binären Zustände sind die Grundlage der klassischen Informationsverarbeitung, wobei komplexe Berechnungen durch die Kombination logischer Operationen (wie UND, ODER und NICHT) auf diesen Bits ausgeführt werden. Die Leistungsfähigkeit klassischer

Computer, von Smartphones bis zu Supercomputern, beruht auf der zunehmenden Miniaturisierung der Bitverarbeitenden Bauteile, was zu einer stetigen Steigerung der Rechenkapazität führt. Dennoch bleiben klassische Computer in ihrer Rechenfähigkeit grundsätzlich sequenziell, auch wenn Techniken wie Parallelverarbeitung genutzt werden, um die Effizienz zu steigern.

Quantencomputer hingegen nutzen Quantenbits oder Qubits, die im Gegensatz zu klassischen Bits die Prinzipien der Quantenmechanik anwenden. Ein Qubit kann nicht nur in den Zuständen 0 oder 1 existieren, sondern auch in einer Überlagerung beider Zustände gleichzeitig. Diese Überlagerung ermöglicht es einem einzelnen Qubit, mehr Informationen zu tragen als ein klassisches Bit. Darüber hinaus können Qubits durch das Phänomen der Quantenverschränkung miteinander verbunden werden, wodurch der Zustand eines Qubits unmittelbar den Zustand eines anderen beeinflussen kann, unabhängig von der Entfernung zwischen ihnen. Diese Eigenschaften erlauben Quantencomputern, eine enorme Menge an Berechnungen parallel durchzuführen.

Die Nutzung von Quanteninterferenz ermöglicht es Quantencomputern weiterhin, aus einer Vielzahl von möglichen Berechnungspfaden diejenigen auszuwählen, die zur gewünschten Lösung führen. Dies ermöglicht es Quantencomputern, bestimmte Probleme, wie die Faktorisierung großer Zahlen (wichtig für die Kryptographie) oder die Simulation von Quantensystemen (wichtig für die Materialwissenschaft und Pharmazie), potenziell viel schneller zu lösen als klassische Computer.

Während klassische Computer in der breiten Öffentlichkeit und in der Industrie weiterhin unverzichtbar bleiben, für Aufgaben wie Textverarbeitung, Datenbankmanagement und viele Arten der Softwareentwicklung, bieten Quantencomputer Lösungen für bisher unzugängliche Probleme. Die Forschung und Entwicklung im Bereich der Quantencomputertechnologie stehen allerdings noch vor erheblichen technischen Herausforderungen, einschließlich der Stabilisierung von Qubits und der Skalierung von Quantensystemen.

Quantencomputer befinden sich noch in einem frühen Stadium der Entwicklung, aber Fortschritte in der Quantentechnologie werden mittel- und langfristig die Art und Weise, wie wir über Datenverarbeitung und Problem-solving denken, revolutionieren. Die parallele Natur der Quantenberechnung, zusammen mit der Fähigkeit, komplexe Simulationen durchzuführen und neue Formen der Kryptographie zu ermöglichen, deutet auf ein enormes Potenzial hin, das über das hinausgeht, was mit klassischen Computertechnologien möglich ist.

Berechnungskapazität und Anwendungsbereiche

Die Berechnungskapazität und Anwendungsbereiche von klassischen Computern und Quantencomputern spiegeln die fundamental unterschiedlichen Prinzipien wider, auf denen diese Technologien basieren. Jede hat ihre eigenen Stärken und ist für bestimmte Aufgabentypen besser geeignet.

Die Stärke klassischer Computer liegt in ihrer Vielseitigkeit und Effizienz bei einer breiten Palette von Aufgaben. Für alltägliche Anwendungen wie Textverarbeitung, Internetbrowsing, Multimedia-Wiedergabe und die Ausführung von Geschäftssoftware sind sie unverzichtbar. Darüber hinaus sind sie in der Lage, komplexe wissenschaftliche Berechnungen und Datenanalysen durchzuführen, die in vielen Bereichen der Forschung und Industrie von zentraler Bedeutung sind. Ihre Architektur ermöglicht es, große Datenmengen schnell und effizient zu verarbeiten, wobei sie sich auf eine riesige und stetig wachsende Bibliothek von Algorithmen stützen, die für eine Vielzahl von Problemen optimiert sind.

Quantencomputer, auf der anderen Seite, sind für ihre potenziellen Vorteile bei spezifischen, besonders rechenintensiven Problemen bekannt. Ihre einzigartige Fähigkeit, Überlagerungszustände und Verschränkung zu nutzen, ermöglicht es ihnen, Lösungen für Probleme zu finden, die klassische Computer entweder gar nicht oder nur mit unpraktisch hohem Zeit- und Energieaufwand lösen könnten:

- Faktorisierung großer Zahlen: Quantencomputer könnten die Sicherheit der heutigen Kryptographiesysteme, die auf der Schwierigkeit dieses Problems basieren, untergraben. Shors Algorithmus, der auf Quantencomputern läuft, kann

große Zahlen effizient faktorisieren, was für klassische Computer praktisch unmöglich ist.
- Suche in unsortierten Datenbanken: Grovers Algorithmus demonstriert die Fähigkeit von Quantencomputern, die Effizienz der Suche in großen, unsortierten Datenmengen bedeutend zu verbessern, indem er die Anzahl der notwendigen Schritte im Vergleich zu klassischen Algorithmen drastisch reduziert.
- Simulation von Quantensystemen: Vielleicht eines der vielversprechendsten Anwendungsgebiete von Quantencomputern ist die Simulation komplexer Quantensysteme. Dies könnte bahnbrechende Fortschritte in der Materialwissenschaft ermöglichen, indem es Forschern erlaubt, das Verhalten von Atomen und Molekülen bei der Entwicklung neuer Materialien und Medikamente präzise vorherzusagen.

Die potenziellen Anwendungen von Quantencomputern könnten revolutionäre Fortschritte in mehreren Feldern ermöglichen:

- Materialwissenschaft: Durch die präzise Simulation von Materialeigenschaften auf Quantenebene könnten neue Materialien mit maßgeschneiderten Eigenschaften entwickelt werden.
- Kryptographie: Neben dem Risiko, bestehende Verschlüsselungssysteme zu kompromittieren, bieten Quantencomputer auch die Grundlage

für neue, theoretisch unknackbare Quantenverschlüsselungsmethoden.
- Optimierungsprobleme: Viele Wissenschafts- und Industriebereiche, von der Logistik bis zur Finanzanalyse, könnten von Quantenalgorithmen profitieren, die Optimierungsprobleme effizienter lösen.

Während klassische Computer weiterhin die Arbeitspferde der Informationsverarbeitung bleiben, bieten Quantencomputer Lösungen für bisher unzugängliche Herausforderungen. Die Koexistenz und Integration beider Technologien könnten die Grenzen dessen, was computergestützt möglich ist, neu definieren und Innovationen in nahezu allen Bereichen von Wissenschaft und Industrie vorantreiben.

Skalierbarkeit und Stabilität

Die Unterschiede in der Skalierbarkeit und Stabilität zwischen klassischen Computern und Quantencomputern unterstreichen die jeweiligen technologischen Herausforderungen und Möglichkeiten, die beide Bereiche kennzeichnen.

Klassische Computer profitieren von Jahrzehnten der Entwicklung und Optimierung, was ihre Architektur betrifft. Ihre Skalierbarkeit beruht auf relativ geradlinigen Prinzipien: Mehr Leistung kann oft durch die Hinzufügung weiterer Prozessoren (oder Rechenkerne), mehr Arbeitsspeicher oder größere Speicherlösungen erreicht werden. Diese Modularität und Erweiterbarkeit haben zu den leistungsstarken und vielseitigen Computersystemen geführt, die heute in nahezu jedem Aspekt des modernen Lebens zum Einsatz kommen.

Die Stabilität und Zuverlässigkeit klassischer Computer sind ebenfalls das Ergebnis umfangreicher Forschung und Entwicklung. Fortgeschrittene Fehlerkorrekturmechanismen und robuste Datenintegritätstechniken gewährleisten, dass Systeme auch bei Hardwarefehlern oder externen Störungen korrekt funktionieren. Diese Systeme sind so konzipiert, dass sie Fehlertoleranz aufweisen, was bedeutet, dass sie auch im Falle einzelner Komponentenausfälle weiterhin operieren können.

Quantencomputer stehen im Gegensatz dazu vor einzigartigen und erheblichen Herausforderungen, was ihre Skalierbarkeit und Stabilität angeht. Die Kernprinzipien, die Quantencomputer so leistungsfähig machen – Überlagerung und Verschränkung – sind auch die Quelle ihrer größten Herausforderungen. Qubits müssen in einem präzise kontrollierten Quantenzustand gehalten werden, was durch Wechselwirkungen mit der Umgebung (Dekohärenz) äußerst schwierig wird. Dieses Problem wird mit zunehmender Anzahl von Qubits und der Komplexität der Quantenschaltungen immer ausgeprägter.

Die Quantenfehlerkorrektur ist ein Schlüsselelement, um die Herausforderungen der Dekohärenz und anderer Fehlerquellen zu überwinden. Im Gegensatz zu klassischen Systemen, bei denen Fehlerkorrektur durch

Redundanz und einfache Korrekturalgorithmen erreicht wird, erfordert die Fehlerkorrektur in Quantensystemen komplexere und subtilere Ansätze. Da das Messen eines Quantenzustandes diesen verändert, müssen Quantenfehlerkorrekturcodes so entworfen werden, dass sie Fehler erkennen und korrigieren können, ohne die fragilen Quanteninformationen zu stören.

Trotz dieser Herausforderungen sind die potenziellen Vorteile von Quantencomputern enorm, insbesondere für Aufgaben, die klassische Computer überfordern. Die aktive Forschung in Bereichen wie der Quantenfehlerkorrektur, der Entwicklung stabilerer Qubit-Designs und effizienter Algorithmen zur Steuerung von Quantensystemen bringt die Realisierung praktisch nutzbarer Quantencomputer allmählich näher. Die parallelen Entwicklungen in der klassischen Computertechnologie und in der Quantencomputertechnologie versprechen eine Zukunft, in der beide Technologien komplementär eingesetzt werden, um eine breite Palette von Problemen zu lösen, von der Grundlagenforschung bis hin zu praktischen Anwendungen in Industrie und Technologie.

Entwicklungsstand und Zugänglichkeit

Die Entwicklung und der Einsatz von klassischen Computern im Vergleich zu Quantencomputern spiegeln deutlich den unterschiedlichen Reifegrad und die verschiedenen Einsatzbereiche dieser Technologien wider.

Die Technologie hinter klassischen Computern hat sich über Jahrzehnte hinweg kontinuierlich entwickelt, was zu einer außerordentlichen Vielfalt an Geräten geführt hat, die in fast allen Aspekten des täglichen Lebens und in nahezu jedem Wirtschaftszweig zum Einsatz kommen. Klassische Computer sind das Fundament der modernen Informationsgesellschaft und ermöglichen alles, von grundlegenden kommunikativen und organisatorischen Aufgaben bis hin zu komplexen wissenschaftlichen Berechnungen und Datenanalysen. Ihre Technologie ist ausgereift und zuverlässig, was sie für Endverbraucher und Unternehmen gleichermaßen attraktiv macht. Dank der breiten Palette an verfügbaren Formfaktoren – von mächtigen Servern, die das Rückgrat des Internets und großer Unternehmensnetzwerke bilden, bis hin zu mobilen Geräten, die in die Tasche passen – können klassische Computer flexibel in einer Vielzahl von Anwendungsfällen eingesetzt werden.

Quantencomputer bieten hingegen ein revolutionäres Potenzial für die Lösung bestimmter Kategorien von Problemen, die klassische Computer entweder nicht oder nur mit prohibitiv hohem Aufwand lösen können. Trotz bedeutender Fortschritte in der Quantencomputertechnologie und dem wachsenden Interesse sowohl aus der Wissenschaft als auch aus der Industrie, befindet sich diese Technologie noch in einem frühen Entwicklungsstadium. Quantencomputer sind derzeit hauptsächlich Forschungs- und Entwicklungsinstrumente. Einige Modelle sind über Cloud-Dienste zugänglich gemacht worden, was Forschern und Entwicklern auf der ganzen Welt ermöglicht, mit Quantenalgorithmen zu experimentieren und die Potenziale dieser neuen Rechenform zu erkunden. Allerdings sind Quantencomputer noch nicht bereit für einen breiten Einsatz in der Praxis. Die Herausforderungen in Bezug auf Stabilität, Skalierbarkeit und Fehleranfälligkeit erfordern weitere intensive Forschung und Entwicklung.

Während klassische Computer weiterhin eine zentrale Rolle in unserem täglichen Leben und in der globalen Wirtschaft spielen werden, arbeiten Wissenschaftler und Ingenieure daran, die Grenzen der Quantencomputertechnologie zu erweitern. Die Vision ist, Quantencomputer so zu entwickeln, dass sie komplementär zu klassischen Computern eingesetzt werden können, insbesondere für Aufgaben, bei denen sie einen einzigartigen Vorteil bieten. Dies könnte eine neue Ära der Informationsverarbeitung einläuten, in der die kombinierten Stärken beider Computertypen genutzt werden, um komplexe Probleme in der Wissenschaft, Medizin, Materialwissenschaft und anderen Feldern zu lösen, die bisher unzugänglich waren.

Klassische Computer und Quantencomputer sind nicht direkt konkurrierend, sondern ergänzen sich in vielen Aspekten. Klassische Systeme werden weiterhin für die überwiegende Mehrheit der Rechenaufgaben und für alltägliche Anwendungen unverzichtbar bleiben. Quantencomputer hingegen könnten Lösungen für Probleme bieten, die bisher als unüberwindbar galten, und damit neue Horizonte in Wissenschaft und Technologie eröffnen. Die Zukunft könnte eine Kombination aus beiden Ansätzen sehen, wobei Quanten- und klassische Computer zusammenarbeiten, um die jeweiligen Stärken optimal zu nutzen.

Die Entwicklung von Quantencomputern

Frühe Phase der Forschung und theoretische Grundlagen

Die frühe Phase der Forschung und die Entwicklung der theoretischen Grundlagen der Quantencomputertechnologie sind eng mit den grundlegenden Entdeckungen in der Quantenmechanik verknüpft. Die Quantenmechanik selbst begann sich als ein eigenständiger Bereich der Physik in den frühen 20. Jahrhunderten zu etablieren, mit Pionierarbeiten von Physikern wie Max Planck, Albert Einstein, Niels Bohr, Werner Heisenberg, Erwin Schrödinger und vielen anderen. Diese theoretischen Grundlagen bilden die Basis für das Verständnis der einzigartigen und oft nicht-intuitiven Verhaltensweisen von Materie und Energie auf den kleinsten Skalen.

Die Idee des Quantencomputers, wie wir ihn heute kennen, begann jedoch erst in den 1980er Jahren konkrete Formen anzunehmen. Einige Schlüsselmomente und Beiträge haben maßgeblich zur Entwicklung der theoretischen Grundlagen beigetragen:

Richard Feynman (1981)

Richard Feynman, einer der brillantesten und einflussreichsten Physiker des 20. Jahrhunderts, spielte eine entscheidende Rolle bei der Konzeptualisierung der Idee des Quantencomputers. Seine Überlegungen und Vorschläge haben die Grundlage für die gesamte nachfolgende Entwicklung im Bereich des Quantencomputings gelegt. Während seiner berühmten Rede auf der Physik-Konferenz im Jahr 1981, oft als "Simulating Physics with Computers" zitiert, brachte Feynman eine grundlegende Einsicht zur Sprache, die sich auf die Grenzen klassischer Computer bei der Simulation quantenmechanischer Systeme bezog.

Feynman argumentierte, dass klassische Computer inhärent unfähig seien, Quantensysteme effizient zu simulieren. Der Grund dafür liegt in der Natur der Quantenmechanik selbst, die durch Überlagerung, Verschränkung und Nichtlokalität gekennzeichnet ist – Phänomene, die in der Welt der klassischen Physik kein direktes Gegenstück haben. Ein klassischer Computer, der auf binären Bits basiert, müsste exponentiell wachsende Ressourcen aufwenden, um den Zustandsraum eines Quantensystems auch nur annähernd zu erfassen.

Feynmans geniale Einsicht war, dass ein Computer, der selbst Quantenmechanische Prinzipien nutzt – also ein Quantencomputer – in der Lage wäre, diese Beschränkungen zu überwinden. Ein solches Gerät könnte Quantensysteme nativ simulieren, indem es direkt die quantenmechanischen Eigenschaften von Materie nutzt, um Berechnungen durchzuführen.

Diese Idee war revolutionär, weil sie den Weg für ein vollständig neues Paradigma der Informationsverarbeitung ebnete. Anstatt zu versuchen, die Quantenmechanik innerhalb der Grenzen eines klassischen Berechnungsmodells zu simulieren, schlug Feynman vor, die

Regeln der Quantenmechanik selbst als Basis für Berechnungen und Simulationen zu nutzen. Dies eröffnete theoretisch die Möglichkeit, Probleme anzugehen, die für klassische Computer unzugänglich sind, darunter die Simulation von Molekülen und Materialien, Optimierungsprobleme und die Entwicklung neuer Arten von Quantenalgorithmen.

Feynmans Vortrag inspirierte Generationen von Physikern, Mathematikern und Informatikern, die Konzepte und Technologien zu entwickeln, die für die Realisierung von Quantencomputern erforderlich sind. Obwohl die technischen Herausforderungen enorm sind und die Quantencomputertechnologie noch in den Kinderschuhen steckt, hat die anhaltende Forschung bereits zu bedeutenden Durchbrüchen geführt. Darüber hinaus hat sie unser Verständnis der Grundlagen der Quantenmechanik und ihrer Anwendungen in der Informationsverarbeitung vertieft.

Feynmans visionäre Ideen sind ein leuchtendes Beispiel dafür, wie tiefgreifende theoretische Einsichten die Richtung der wissenschaftlichen und technologischen Entwicklung prägen können. Sein Beitrag zum Quantencomputing bleibt ein zentrales Erbe in der Geschichte der Informatik und der Quantenphysik.

David Deutsch (1985)

David Deutsch, ein britischer Physiker, spielte eine entscheidende Rolle in der Entwicklung der theoretischen

Grundlagen von Quantencomputern mit seiner Formulierung des Konzepts der Quanten-Turing-Maschine in den 1980er Jahren. Diese Arbeit, die oft als ein Meilenstein in der Quantencomputertechnologie angesehen wird, erweiterte das klassische Turing-Maschinen-Modell, welches die Grundlage für das Verständnis dessen bildet, was es bedeutet, Berechnungen durchzuführen, in das Quantenreich.

Deutschs Konzept der Quanten-Turing-Maschine war der erste rigorose Versuch, das traditionelle Modell der Turing-Maschine – ein abstraktes Maschinenmodell, das die Prinzipien des algorithmischen Rechnens darstellt – auf Quantensysteme zu erweitern. Während eine klassische Turing-Maschine auf binären Zuständen (Bits) basiert und deterministische Übergänge zwischen diesen Zuständen verwendet, nutzt eine Quanten-Turing-Maschine Quantenbits (Qubits), die sich in Überlagerungszuständen befinden können, und verarbeitet Informationen durch Quantenübergänge.

Die Arbeit von Deutsch lieferte eine formale Grundlage für die Theorie des Quantencomputings und zeigte auf, dass Quantencomputer potenziell bestimmte Arten von Problemen effizienter lösen können als klassische Computer. Ein wesentlicher Unterschied zwischen klassischen und Quanten-Turing-Maschinen liegt in ihrer Fähigkeit, Berechnungen parallel durchzuführen. Aufgrund der Quantenphänomene der Überlagerung und Verschränkung können Quanten-Turing-Maschinen eine exponentielle Anzahl von Berechnungen gleichzeitig ausführen, was ihnen bei bestimmten Problemen einen theoretischen Vorteil verschafft.

Deutschs Ideen öffneten die Tür für die Entwicklung spezifischer Quantenalgorithmen, die die einzigartigen Eigenschaften von Quantencomputern ausnutzen. Beispiele hierfür sind Shors Algorithmus für die Faktorisierung großer Zahlen und Grovers Algorithmus für die Suche in unsortierten Datenbanken. Beide Algorithmen demonstrieren die Überlegenheit von Quantencomputern gegenüber klassischen Computern für spezifische Problemstellungen.

Durch die Formulierung des Konzepts der Quanten-Turing-Maschine legte David Deutsch nicht nur den theoretischen Grundstein für das Quantencomputing, sondern lieferte auch den konzeptionellen Rahmen, der es ermöglichte, die Grenzen und Möglichkeiten dieser neuen Form der Informationsverarbeitung zu erforschen. Seine Arbeit hat gezeigt, dass die Prinzipien der Quantenmechanik nicht nur faszinierende physikalische Phänomene offenbaren, sondern auch praktische Anwendungen in der Informationsverarbeitung haben können, die das Potenzial haben, die Landschaft der Computertechnologie grundlegend zu verändern.

Peter Shor (1994)

Peter Shor, ein amerikanischer Mathematiker und Professor am Massachusetts Institute of Technology (MIT), machte einen bahnbrechenden Durchbruch in der

Quantencomputertechnologie mit der Entwicklung des nach ihm benannten Shor-Algorithmus im Jahr 1994. Dieser Algorithmus demonstriert die Fähigkeit eines Quantencomputers, große Zahlen in ihre Primfaktoren zu zerlegen, und das in einer Zeit, die polynomial mit der Länge der Zahlen skaliert. Dies steht im starken Kontrast zu den besten bekannten Algorithmen für klassische Computer, deren Laufzeit exponentiell mit der Länge der zu faktorisierenden Zahl zunimmt.

Die Faktorisierung großer Zahlen ist ein klassisches Problem in der Zahlentheorie, das jedoch praktische Anwendungen in der Kryptographie findet, insbesondere im Kontext des weit verbreiteten RSA-Verschlüsselungsverfahrens. RSA-Sicherheit basiert auf der Annahme, dass die Faktorisierung einer großen Zahl, die das Produkt zweier großer Primzahlen ist, für klassische Computer praktisch unmöglich ist. Shors Entdeckung zeigte, dass diese Annahme im Zeitalter der Quantencomputer nicht mehr haltbar ist, da ein effizienter Quantenalgorithmus existiert, der diese Aufgabe lösen kann.

Die potenzielle Fähigkeit von Quantencomputern, den Shor-Algorithmus auszuführen, hat tiefgreifende Implikationen für die Sicherheit der meisten heutigen kryptographischen Systeme. Es unterstreicht die Notwendigkeit, neue kryptographische Schemata zu entwickeln, die auch in der Ära der Quantencomputer sicher bleiben, bekannt als Post-Quanten-Kryptographie.

Die Entwicklung des Shor-Algorithmus wirkte als Katalysator für das Interesse und die Investitionen in die

Quantencomputertechnologie. Die Aussicht, praktische Probleme zu lösen, die für klassische Computer unzugänglich sind, motivierte sowohl die akademische Forschung als auch die Industrie, die Entwicklung von Quantencomputern voranzutreiben. Dies führte zu einer erheblichen Steigerung der Bemühungen, praktisch einsetzbare Quantencomputer zu realisieren, einschließlich der Entwicklung von Hardware, Fehlerkorrekturmechanismen und anderen Algorithmen, die die einzigartigen Vorteile von Quantencomputern nutzen.

Peter Shors Arbeit am Shor-Algorithmus markiert einen Wendepunkt in der Geschichte des Quantencomputings und unterstreicht das transformative Potenzial dieser Technologie. Während praktisch einsetzbare Quantencomputer, die den Shor-Algorithmus für große Zahlen ausführen können, noch nicht existieren, hat die bloße Möglichkeit solcher Berechnungen bereits die Richtung der kryptographischen Forschung und die Strategien zur Datensicherung nachhaltig beeinflusst. Shors Beitrag bleibt ein leuchtendes Beispiel für die Verbindung von theoretischer Informatik und Physik und deren Auswirkungen auf die Technologie und Gesellschaft.

Lov Grover (1996)

Lov Grover, ein Forscher bei den Bell Labs, trug maßgeblich zur Entwicklung der Quantencomputertechnologie bei, indem er 1996 einen Algorithmus vorstellte, der heute als Grovers Algorithmus bekannt ist. Dieser Algorithmus zeigt, wie Quantencomputer die Suche in einer unsortierten Datenbank deutlich effizienter gestalten können als klassische Computer. Während ein klassischer Computer im Durchschnitt die Hälfte aller Einträge in der Datenbank durchsuchen muss, um das gewünschte Element zu finden, benötigt Grovers Algorithmus nur etwa die Quadratwurzel der Anzahl der Einträge, um dasselbe zu erreichen.

Grovers Algorithmus nutzt die Quantenmechanik, insbesondere das Phänomen der Quantenüberlagerung, um eine parallele Suche durch alle Einträge der Datenbank gleichzeitig durchzuführen. Durch eine geschickte Sequenz von Quantenoperationen, die als Amplitudenverstärkung bekannt ist, verstärkt der Algorithmus systematisch die Wahrscheinlichkeit, das gesuchte Element zu finden, während die Wahrscheinlichkeiten für alle anderen Elemente verringert werden. Nach einer Reihe von Iterationen des Algorithmus wird das gesuchte Element mit hoher Wahrscheinlichkeit identifiziert, wenn die Messung des Quantensystems durchgeführt wird.

Grovers Algorithmus ist ein hervorragendes Beispiel für die Art von Problemen, bei denen Quantencomputer einen deutlichen Vorteil gegenüber klassischen Computern bieten. Es ist wichtig zu betonen, dass der Algorithmus einen quadratischen Geschwindigkeitsvorteil bietet, was bedeutet, dass er die Suche in großen Datenbanken deutlich beschleunigen kann. Dies steht im Gegensatz zu den exponentiellen Geschwindigkeitsvorteilen, die bei anderen Quantenalgorithmen, wie dem Shor-Algorithmus, beobachtet werden. Trotzdem ist der

Geschwindigkeitsvorteil in der Praxis bedeutend und zeigt das Potenzial von Quantencomputern, bestimmte Klassen von Problemen effizienter zu lösen.

Obwohl Grovers Algorithmus spezifisch für die Aufgabe der Datenbanksuche entwickelt wurde, hat seine grundlegende Technik – die Amplitudenverstärkung – breitere Anwendungen in anderen Bereichen gefunden, darunter maschinelles Lernen, Optimierungsprobleme und die Entwicklung neuer Quantenalgorithmen. Die allgemeinen Prinzipien hinter Grovers Arbeit haben gezeigt, wie Quantenparallelismus und Interferenz genutzt werden können, um algorithmische Verbesserungen über klassische Ansätze hinaus zu erzielen.

Grovers Algorithmus bleibt ein Schlüsselelement in der Theorie des Quantencomputings und ein leuchtendes Beispiel für die praktischen Möglichkeiten dieser aufkommenden Technologie. Es veranschaulicht nicht nur, wie Quantenmechanik zur Lösung alltäglicher Probleme eingesetzt werden kann, sondern auch, wie Quantencomputer in der Lage sind, die Grenzen der klassischen Informationsverarbeitung zu überschreiten. Während die volle Realisierung dieser Technologie noch in der Zukunft liegt, bietet Grovers Beitrag eine solide Grundlage für das Verständnis und die weitere Erforschung des Potenzials von Quantencomputern.

Obwohl die theoretischen Grundlagen für Quantencomputing mittlerweile fest etabliert sind, steht die Forschung vor erheblichen Herausforderungen bei der praktischen Umsetzung. Dazu gehören die Erzeugung und Aufrechterhaltung von Qubits in kohärenten Zuständen, die Skalierung von Quantensystemen, die Fehlerkorrektur in einem Quantenkontext und die Entwicklung effizienter Quantenalgorithmen.

Parallel dazu haben theoretische Weiterentwicklungen in Bereichen wie der Quantenfehlerkorrektur und der Entwicklung neuer Quantenalgorithmen dazu beigetragen, die praktischen Hürden zu adressieren und den Weg für die Realisierung funktionsfähiger Quantencomputer zu ebnen.

Die frühe Phase der Forschung und die theoretischen Grundlagen der Quantencomputertechnologie spiegeln einen tiefgreifenden Wandel in unserem Verständnis der Berechnung und Informationsverarbeitung wider. Während die ersten Konzepte und Algorithmen die immense potenzielle Leistungsfähigkeit von Quantencomputern aufzeigten, arbeiten Wissenschaftler weltweit weiterhin an der Überwindung technischer und theoretischer Herausforderungen, um diese Technologie zur vollen Reife zu bringen. Der Weg von den grundlegenden Prinzipien der Quantenmechanik bis hin zu praktischen Quantencomputern ist ein faszinierendes Beispiel für die Umsetzung abstrakter wissenschaftlicher Konzepte in revolutionäre Technologien.

Die Entwicklung der ersten Quantenalgorithmen

Die Entwicklung der ersten Quantenalgorithmen markiert einen Wendepunkt in der Geschichte der Informatik und Physik, indem sie das theoretische Potenzial von Quantencomputern in praktische Berechnungsvorteile umsetzte. Diese Algorithmen verdeutlichen, wie die Grundprinzipien der Quantenmechanik – Überlagerung, Verschränkung und Interferenz – genutzt werden können, um Probleme auf Weisen zu lösen, die für klassische Computer unerreichbar sind. Hier eine Übersicht über die bahnbrechenden ersten Quantenalgorithmen und ihre Bedeutung:

Deutschs Algorithmus (1985)

David Deutsch entwickelte den ersten Quantenalgorithmus, bekannt als Deutschs Algorithmus, der ein spezifisches Problem löst: zu bestimmen, ob eine bestimmte binäre Funktion konstant oder balanciert ist. Obwohl dieses Problem an sich nicht von praktischer Bedeutung ist, demonstrierte der Algorithmus erstmals die Möglichkeit, Quantenparallelismus für die Informationsverarbeitung zu nutzen, indem er das Problem mit einer einzigen Operation löste – ein Vorgang, der mit klassischen Mitteln zwei Operationen erfordert hätte.

Deutsch-Jozsa Algorithmus (1992)

Erweitert von Richard Jozsa, erweiterte der Deutsch-Jozsa Algorithmus das ursprüngliche Problem auf Funktionen mit mehreren Eingängen und wurde somit zum ersten Beispiel eines Quantenalgorithmus, der einen exponentiellen Vorteil gegenüber jedem möglichen deterministischen klassischen Algorithmus zeigt. Er demonstriert eindrucksvoll die Überlegenheit von Quantencomputern für bestimmte Arten von Berechnungsproblemen, auch wenn diese Probleme hauptsächlich von akademischem Interesse sind.

Shor's Algorithmus (1994)

Peter Shors Entwicklung eines Quantenalgorithmus zur Faktorisierung großer Zahlen und zum Finden von Diskreten Logarithmen bot den ersten starken Beweis für die praktischen Vorteile von Quantencomputern. Shors Algorithmus kann große Zahlen exponentiell schneller faktorisieren als die besten bekannten klassischen Algorithmen, was bedeutende Implikationen für die Kryptographie hat, insbesondere für Verschlüsselungssysteme wie RSA, die auf der Schwierigkeit der Faktorisierung großer Zahlen basieren.

Grover's Algorithmus (1996)

Lov Grovers Algorithmus zur Beschleunigung der Suche in einer unsortierten Datenbank bot einen quadratischen Geschwindigkeitsvorteil gegenüber klassischen

Suchalgorithmen. Dieser Algorithmus zeigte, dass Quantencomputer nicht nur für spezielle mathematische Probleme, sondern auch für allgemeinere Berechnungsprobleme Vorteile bieten können.

Bedeutung der frühen Quantenalgorithmen

Diese ersten Quantenalgorithmen spielten eine entscheidende Rolle bei der Formulierung der Theorie und des Potenzials des Quantencomputings. Sie lieferten den Beweis, dass Quantencomputer in der Lage sind, klassische Computer bei bestimmten Berechnungsaufgaben zu übertreffen, und motivierten sowohl theoretische als auch praktische Forschung in diesem aufstrebenden Feld. Obwohl viele dieser frühen Algorithmen akademische Probleme lösten, legten sie den Grundstein für die Entwicklung weiterer Quantenalgorithmen mit direkten praktischen Anwendungen und trugen maßgeblich dazu bei, das Interesse an und die Investitionen in die Quantencomputertechnologie zu steigern.

Quantenüberlegenheit (2016)

Google kündigt an, dass ihr Quantenprozessor Sycamore eine spezifische Berechnungsaufgabe gelöst hat, die für klassische Supercomputer praktisch unlösbar ist, ein Meilenstein, der oft als "Quantenüberlegenheit" bezeichnet wird. Dazu später mehr.

Entwicklung der Quantenhardware

Die Entwicklung der Quantenhardware ist ein Prozess, der sich rapide entwickelt und eine Vielzahl von Ansätzen und Technologien umfasst. Der Fortschritt in diesem Bereich ist entscheidend für die Realisierung praktisch einsetzbarer Quantencomputer.

Supraleitende Qubits

Unternehmen wie IBM, Google und Rigetti sind führend in der Entwicklung von Quantencomputern, die auf supraleitenden Schaltkreisen basieren. Diese Technologie hat sich als einer der vielversprechendsten Ansätze für die Realisierung praktisch nutzbarer Quantencomputer etabliert. Die Wahl von supraleitenden Schaltkreisen für die Erzeugung von Qubits bringt mehrere Vorteile mit sich, insbesondere hinsichtlich der Skalierbarkeit und der Fortschritte in der Fehlerkorrektur.

Supraleitende Qubits nutzen die einzigartigen Eigenschaften supraleitender Materialien, die elektrischen Strom ohne Widerstand leiten können. Durch das Anlegen von Mikrowellenstrahlung an diese Schaltkreise können Zustände erzeugt werden, die für die Durchführung von Quantenberechnungen geeignet sind. Diese Qubits können relativ einfach durch lithographische Prozesse hergestellt werden, die den in der

Halbleiterindustrie verwendeten ähnlich sind, was ihre Integration in größere Systeme erleichtert.

Einer der Hauptvorteile supraleitender Qubits liegt in ihrer relativen Einfachheit bei der Skalierung. Da die Technologie kompatible Fertigungsmethoden mit der bestehenden Halbleiterindustrie teilt, ist es theoretisch einfacher, Systeme mit einer größeren Anzahl von Qubits zu entwickeln. IBM, Google und Rigetti haben bereits Demonstrationen von Quantenprozessoren mit Dutzenden von Qubits vorgestellt, was die Machbarkeit dieses Ansatzes unterstreicht.

Ein weiterer entscheidender Bereich, in dem erhebliche Fortschritte erzielt wurden, ist die Fehlerkorrektur. Supraleitende Qubits sind zwar empfindlich gegenüber äußeren Störungen, die zu Fehlern führen können, aber durch die Anwendung von Quantenfehlerkorrekturcodes können diese Fehler erkannt und korrigiert werden. Unternehmen wie Google haben bedeutende Fortschritte bei der Entwicklung und Implementierung solcher Fehlerkorrekturverfahren gemacht, die für die Realisierung zuverlässiger Quantenberechnungen essenziell sind.

Trotz der Fortschritte gibt es weiterhin Herausforderungen, insbesondere in Bezug auf die Fehleranfälligkeit und die Notwendigkeit extrem kalter Betriebstemperaturen, um die Supraleitung aufrechtzuerhalten. Diese Anforderungen erhöhen die Komplexität und die Kosten von Quantencomputersystemen.

Trapped Ions

Die Entwicklung von Quantencomputern, die auf der Technologie der gefangenen Ionen basieren, stellt einen vielversprechenden Forschungsbereich dar.

Start-ups wie IonQ sowie zahlreiche akademische Forschungsgruppen weltweit widmen sich diesem Ansatz, der sich durch lange Kohärenzzeiten und eine hohe Fidelität der Quantenoperationen auszeichnet. Diese Eigenschaften machen Ionenfallen-Quantencomputer besonders attraktiv für eine Vielzahl von Anwendungen, die eine präzise und zuverlässige Quanteninformationsverarbeitung erfordern.

Gefangene Ionen bieten dank ihrer stabilen Quantenzustände und der Möglichkeit, diese über längere Zeiträume zu bewahren, eine ausgezeichnete Grundlage für die Realisierung von Quantencomputern. Die hohe Fidelität der zwischen den Ionen ausgeführten Quantenoperationen unterstützt die Durchführung komplexer Berechnungen mit minimalem Fehler, was für die Zuverlässigkeit der Ergebnisse entscheidend ist. Darüber hinaus ermöglicht die Technologie eine einzigartige Flexibilität und Rekonfigurierbarkeit der Qubit-Anordnungen, was durch die präzise Steuerung der elektromagnetischen Fallen, in denen die Ionen gehalten werden, erreicht wird.

Trotz dieser vielversprechenden Eigenschaften stehen Entwickler von Ionenfallen-Quantencomputern vor bedeutenden technischen Herausforderungen. Die komplexe Natur des Fangens und Manipulierens einzelner Ionen erfordert ausgeklügelte Techniken und Geräte, was die Entwicklung und Wartung solcher Systeme erschwert. Zudem ist die Skalierung dieser Technologie, obwohl theoretisch gut umsetzbar, in der Praxis mit Schwierigkeiten verbunden. Die effektive Integration und Interaktion einer großen Anzahl von Qubits in einem einzigen kohärenten System zu gewährleisten, bleibt eine der Hauptaufgaben für Forscher in diesem Bereich.

Die kontinuierlichen Bemühungen um die Lösung dieser Herausforderungen deuten jedoch auf ein großes Potenzial von Ionenfallen-Quantencomputern hin. Die Arbeit von Unternehmen wie IonQ und den weltweiten Forschungsgruppen zeigt deutliche Fortschritte auf dem Weg zu praktisch einsetzbaren Quantencomputern. Diese könnten in naher Zukunft eine Revolution in Feldern wie der Materialwissenschaft, der Optimierung und der Kryptographie einläuten, indem sie Lösungen für Probleme bieten, die für klassische Computer unzugänglich sind. Die Entwicklung in diesem Bereich bleibt daher ein spannendes Feld mit der Aussicht auf bahnbrechende technologische Durchbrüche.

Quantenpunkte

Quantenpunkte, die in der Quantencomputertechnologie Anwendung finden, stellen einen innovativen und vielversprechenden Ansatz für die Realisierung von Quantencomputern dar. Diese nanoskopisch kleinen

Halbleiterpartikel bieten aufgrund ihrer einzigartigen physikalischen Eigenschaften die Möglichkeit, Quantenbits oder Qubits zu repräsentieren. Die Größe und Form eines Quantenpunkts bestimmen seine elektronischen Eigenschaften, einschließlich der Energielevels seiner Elektronen, was sie für die Verwendung in der Quanteninformationsverarbeitung besonders attraktiv macht.

Ein wesentlicher Vorteil von Quantenpunkten liegt in ihrer potenziellen Kompatibilität mit bestehenden Halbleiterfertigungsprozessen. Da sie aus Materialien hergestellt werden können, die bereits in der Halbleiterindustrie verwendet werden, eröffnet sich die Möglichkeit, Quantencomputer mit Hilfe etablierter Techniken der Mikro- und Nanofabrikation zu produzieren. Diese Kompatibilität verspricht nicht nur eine gute Skalierbarkeit, indem viele Qubits auf einem einzigen Chip integriert werden können, sondern auch eine Reduktion der Produktionskosten, was für die kommerzielle Entwicklung von Quantencomputertechnologien entscheidend sein könnte.

Trotz dieser vielversprechenden Perspektiven stehen Forscher und Ingenieure, die an der Entwicklung von Quantencomputern auf Basis von Quantenpunkten arbeiten, vor erheblichen Herausforderungen. Eine der größten Herausforderungen ist die präzise Kontrolle der Quantenpunkteigenschaften. Die Herstellung von Quantenpunkten mit exakt definierten Größen, Formen und Zusammensetzungen ist entscheidend, um die gewünschten Quantenzustände und -eigenschaften zu erzielen. Jegliche Unregelmäßigkeiten können zu unvorhersehbaren Verhaltensweisen der Qubits führen und die Fehleranfälligkeit des Systems erhöhen.

Ein weiteres kritisches Problem ist die Aufrechterhaltung der Kohärenz der Qubits. In einem Umfeld, das von Natur aus störanfällig ist, müssen Quantenpunkte vor äußeren Einflüssen wie thermischen Fluktuationen und elektromagnetischer Strahlung geschützt werden, die die empfindlichen Quantenzustände stören und die Kohärenzzeiten verkürzen könnten. Die Entwicklung von Techniken zur Isolierung und zum Schutz der Quantenpunkte vor solchen Störungen ist daher von entscheidender Bedeutung für die Realisierung praktisch nutzbarer Quantencomputer.

Die Forschung an Quantenpunkten für die Quantencomputertechnologie befindet sich noch in einem relativ frühen Stadium, doch die Fortschritte in diesem Bereich könnten die Grundlagen für eine neue Generation von Quantencomputern legen, die sowohl leistungsfähig als auch skalierbar sind. Die kontinuierlichen Anstrengungen in der Materialwissenschaft, Nanotechnologie und Quantenphysik sind entscheidend, um die Herausforderungen zu überwinden und das Potenzial von Quantenpunkten voll auszuschöpfen.

Photonen

Die Nutzung von Photonen zur Darstellung von Qubits in der Quanteninformationsverarbeitung, insbesondere in der Quantenkommunikation und -kryptographie, bietet einzigartige Vorteile.

Photonen, die Grundbausteine des Lichts, eignen sich hervorragend für die Übertragung von Quanteninformation über große Distanzen. Einer der wesentlichen Vorteile ist ihre Fähigkeit, bei Raumtemperatur und über lange Strecken transportiert zu werden, ohne dass sie maßgebliche Dekohärenz erleiden. Diese Eigenschaft macht Photonen zu idealen Kandidaten für die Realisierung sicherer Quantenkommunikationsnetzwerke und für die Entwicklung von Technologien wie dem Quanteninternet.

Ein weiterer entscheidender Vorteil photonischer Qubits liegt in ihrer Immunität gegenüber vielen Arten von Umweltstörungen, die typischerweise elektronische Systeme beeinträchtigen. Photonen sind nicht anfällig für elektromagnetische Interferenzen in der Art, wie es elektronische Qubits sein können, was sie besonders nützlich für Anwendungen in der Quantenkryptographie macht. So nutzen beispielsweise Protokolle wie das BB84-Protokoll für den Quantenschlüsselaustausch die einzigartigen Quanteneigenschaften von Photonen, um eine theoretisch sichere Kommunikation zu ermöglichen. Jegliche Versuche eines Lauschangriffs würden unweigerlich die Quantenzustände der Photonen stören und somit detektierbar machen.

Trotz dieser vielversprechenden Eigenschaften steht die Entwicklung photonischer Quantencomputer und -kommunikationssysteme vor einer wesentlichen Herausforderung: die effektive Wechselwirkung von Photonen untereinander zu realisieren. Im Gegensatz zu Materie-basierten Qubits, die relativ einfach miteinander interagieren können, neigen Photonen dazu, einander ohne Wechselwirkung zu passieren. Für die Durchführung von Quantenberechnungen ist es jedoch notwendig, dass Qubits miteinander in einer kontrollierten Weise interagieren, um Quantengatter zu implementieren. Das Erreichen von starken Wechselwirkungen zwischen Photonen erfordert den Einsatz spezieller Techniken und Materialien, wie nichtlineare optische Medien oder die Verwendung von Quantenpunkten und anderen Nanomaterialien als Vermittler.

Die Forschung in diesem Bereich konzentriert sich darauf, innovative Methoden zu entwickeln, um diese Herausforderung zu überwinden. Ansätze wie die Verwendung von verschränkten Photonenpaaren, die Entwicklung von photonischen Kristallen zur Steuerung der Lichtausbreitung und der Einsatz von Hohlraum-Quantenelektrodynamik (QED) Systemen sind nur einige der Strategien, die erforscht werden, um effektive Photon-Photon-Wechselwirkungen zu ermöglichen. Die Fortschritte in der Photonik und Quantenoptik sind entscheidend für die Realisierung dieser Technologien und könnten den Weg für die Entwicklung von hochsicheren Quantenkommunikationsnetzwerken und leistungsstarken Quantencomputern ebnen, die auf der Nutzung von Photonen basieren.

NV-Zentren in Diamanten

Stickstoff-Leerstellen (NV-Zentren) in Diamanten repräsentieren eine Richtung in der Quantencomputertechnologie, die das Potenzial hat, robuste und praktikable Quantensysteme zu realisieren. NV-Zentren entstehen, wenn zwei benachbarte Kohlenstoffatome in der Diamantstruktur durch ein Stickstoffatom und eine Leerstelle (ein fehlendes Kohlenstoffatom) ersetzt werden. Diese Defekte weisen einzigartige elektronische Eigenschaften auf, die sie für die Quanteninformationsverarbeitung besonders geeignet machen.

Einer der hervorstechendsten Vorteile von NV-Zentren ist ihre Fähigkeit, bei Raumtemperatur zu operieren. Im Gegensatz zu vielen anderen Qubit-Systemen, die extrem niedrige Temperaturen für den stabilen Betrieb benötigen, können NV-Zentren in einem viel breiteren Temperaturbereich funktionieren. Dies vereinfacht die technischen Anforderungen für Quantencomputing-Systeme erheblich und macht sie potenziell zugänglicher und praktischer für eine Vielzahl von Anwendungen.

Darüber hinaus bieten NV-Zentren relativ lange Kohärenzzeiten. Die Kohärenzzeit eines Qubits ist ein Maß dafür, wie lange es seinen Quantenzustand bewahren kann, bevor es durch Umgebungseinflüsse gestört wird. Längere Kohärenzzeiten sind entscheidend für die Durchführung komplexer Quantenberechnungen, da sie den Forschern mehr Zeit geben, Quantenoperationen auszuführen, bevor Dekohärenz eintritt.

Trotz dieser Vorteile stehen die Forscher bei der Arbeit mit NV-Zentren vor erheblichen Herausforderungen. Eine der größten Schwierigkeiten liegt in der präzisen Manipulation und Kontrolle der NV-Zentren. Die präzise Steuerung der Quantenzustände dieser Defekte erfordert ausgeklügelte optische und magnetische Techniken, die noch weiterentwickelt und verfeinert werden müssen, um eine zuverlässige und effiziente Quanteninformationsverarbeitung zu ermöglichen.

Eine weitere bedeutende Herausforderung ist die Integration von NV-Zentren in größeren Maßstab. Während einzelne NV-Zentren als Qubits fungieren können, erfordert ein praktisch nutzbarer Quantencomputer die präzise Kontrolle über ein großes Netzwerk von Qubits, die miteinander interagieren können. Die Entwicklung von Techniken zur Skalierung und zum Netzwerkaufbau von NV-Zentren, ohne ihre Kohärenzeigenschaften zu beeinträchtigen, ist ein aktives Forschungsgebiet.

Die Forschung und Entwicklung im Bereich der NV-Zentren in Diamanten sind vielversprechend und könnten zu Quantencomputern führen, die robust, bei Raumtemperatur funktionsfähig und relativ einfach zu handhaben sind. Die Fortschritte in der Materialwissenschaft,

Nanotechnologie und Quantenphysik spielen eine entscheidende Rolle bei der Überwindung der bestehenden Herausforderungen. Die Lösung dieser Probleme könnte den Weg für neue Quantencomputing-Plattformen ebnen, die für ein breites Spektrum von Anwendungen, von der Quantensimulation über die Quantenkryptographie bis hin zur Sensortechnik, eingesetzt werden können.

Topologische Qubits

Topologische Qubits repräsentieren einen besonders spannenden und fortschrittlichen Ansatz in der Quantencomputertechnologie. Ihre Entwicklung basiert auf dem Konzept der topologischen Quantenmaterie und nutzt die mathematische Theorie der Topologie, um eine neue Form von Qubits zu schaffen, die inhärent gegenüber vielen Arten von Störungen und Fehlern geschützt sind. Diese Eigenschaft macht topologische Qubits besonders vielversprechend für die Schaffung robuster, skalierbarer Quantencomputer, die weniger anfällig für Dekohärenz und Fehler sind, welche die Zuverlässigkeit und Effizienz herkömmlicher Quantensysteme beeinträchtigen.

Das Herzstück der topologischen Qubits liegt in der Nutzung von Quasiteilchen, die als Anionen bekannt sind, welche in bestimmten zweidimensionalen Materialien unter spezifischen Bedingungen auftreten können. Anionen haben die bemerkenswerte Eigenschaft, dass ihr Austausch (also das Umherbewegen eines Anions um ein anderes) den Zustand des Systems auf eine Weise verändert, die nur von der topologischen Klasse der Austauschbahn abhängt, nicht aber von den genauen Details des Pfades. Diese Austauschoperationen, bekannt als "Braiding" (Verflechtung), ändern den Zustand des Systems in einer vorhersagbaren und robusten Weise, was für die Realisierung von Quantenberechnungen genutzt werden kann.

Der größte Vorteil topologischer Qubits liegt in ihrer theoretischen Fehlertoleranz. Da die Information in den globalen topologischen Eigenschaften des Systems gespeichert wird, sind lokale Störungen, die typischerweise zu Fehlern in Quantencomputern führen, weniger wahrscheinlich, um diese Zustände zu beeinträchtigen. Dies reduziert die Notwendigkeit für komplexe Fehlerkorrekturcodes, die in anderen Quantencomputersystemen erforderlich sind, erheblich.

Die Realisierung topologischer Qubits steht jedoch vor erheblichen wissenschaftlichen und technischen Herausforderungen. Die Existenz der für topologische Qubits erforderlichen Anionen muss in praktischen Systemen nachgewiesen und kontrollierbar gemacht werden. Derzeit sind Materialien, die sogenannten Majorana-Fermionen – eine Klasse von Anionen, die besonders für die Erzeugung topologischer Qubits geeignet sind – beherbergen könnten, Gegenstand intensiver Forschung. Zudem erfordert das Manipulieren und Auslesen von Zuständen, die in den topologischen

Eigenschaften von Materialien kodiert sind, innovative Techniken und Ansätze.

Trotz dieser Herausforderungen bietet der topologische Ansatz eine Perspektive für die Zukunft der Quantencomputertechnologie, mit dem Potenzial, Quantencomputer zu schaffen, die leistungsfähiger und zuverlässiger sind als jemals zuvor. Die erfolgreiche Entwicklung topologischer Qubits könnte zu einer Revolution in der Quanteninformationsverarbeitung führen, mit weitreichenden Anwendungen in der Kryptographie, Materialwissenschaft, und darüber hinaus. Die Forschung in diesem Bereich ist hochaktuell und vereint Konzepte aus der Quantenphysik, Materialwissenschaft, Mathematik und Informatik, was die Möglichkeit eröffnet, die Grenzen dessen, was mit Computern möglich ist, neu zu definieren.

Auswahl der Technologie

Die Wahl der Technologie für die Entwicklung von Qubits und damit von Quantencomputern ist eine Entscheidung, die in den Anforderungen der beabsichtigten Quantencomputeraufgaben sowie in den physikalischen und technischen Möglichkeiten der verschiedenen Qubit-Systeme verwurzelt ist. Jede Qubit-Technologie bringt ihre eigenen spezifischen Vorteile, Herausforderungen und potenziellen Einsatzbereiche mit sich, die von den grundlegenden Eigenschaften wie Kohärenzzeiten, Operationsgeschwindigkeit, Skalierbarkeit bis hin zur Kompatibilität mit der bestehenden technologischen Infrastruktur reichen.

Supraleitende Qubits und gefangene Ionen sind zwei der am weitesten fortgeschrittenen Technologien in der Quantencomputertechnologie. Supraleitende Qubits profitieren von der relativ einfachen Integration in bestehende Halbleiterfertigungsprozesse und zeigen bereits beeindruckende Ergebnisse in Prototypen von Quantencomputern, die von führenden Technologieunternehmen und Forschungseinrichtungen entwickelt wurden. Ihre Kohärenzzeiten und Operationsgeschwindigkeiten sind für viele Anwendungen vielversprechend, obwohl die Skalierung über Hunderte oder Tausende von Qubits hinaus noch Herausforderungen birgt.

Gefangene Ionen, mit ihren langen Kohärenzzeiten und hohen Operationsgenauigkeiten, repräsentieren einen anderen vielversprechenden Ansatz. Sie haben sich als außerordentlich präzise bei der Durchführung von Quantenoperationen erwiesen und bieten die Möglichkeit, stabile Quantencomputer zu entwickeln. Die Herausforderungen hier liegen vor allem in der Skalierung und der Integration in ein praktikables Quantencomputersystem, das effizient und zuverlässig arbeitet.

Quantenpunkte und photonische Qubits befinden sich in einem früheren Entwicklungsstadium im Vergleich zu supraleitenden Qubits und gefangenen Ionen. Quantenpunkte bieten aufgrund ihrer potenziellen Kompatibilität mit bestehenden Halbleiterprozessen und ihrer möglichen Betriebstemperatur bei Raumtemperatur eine spannende Perspektive. Die Herausforderungen liegen hier in der präzisen Kontrolle der Quantenzustände und der Integration in größere Systeme. Photonische Qubits, die für Quantenkommunikation und -kryptographie besonders vielversprechend sind, stehen vor der Herausforderung, effektive Methoden für die Wechselwirkung zwischen Photonen zu finden, was für die Durchführung komplexer Quantenberechnungen erforderlich ist.

Quantenkommunikation und -kryptographie

Quantenkommunikation und Quantenkryptographie repräsentieren Anwendungen der Quantenmechanik, die das Potenzial haben, die Art und Weise, wie Informationen sicher übertragen werden, grundlegend zu verändern. Insbesondere die Quantenschlüsselverteilung ist ein Bereich, in dem bereits bedeutende Fortschritte erzielt wurden, was zur Entwicklung der ersten kommerziellen Systeme geführt hat. Diese Systeme nutzen grundlegende Prinzipien der Quantenmechanik, um eine theoretisch sichere Kommunikation zu ermöglichen.

Quantenverschlüsselung

Die Entwicklung der ersten kommerziellen Quantenschlüsselverteilungssysteme (QKD) markiert einen wichtigen Meilenstein auf dem Weg zu einer theoretisch sicheren Kommunikation.

QKD-Systeme nutzen die einzigartigen Prinzipien der Quantenmechanik, insbesondere die Quantenverschränkung und die Unbestimmtheit, um die sichere Übertragung von Verschlüsselungsschlüsseln zwischen zwei Parteien zu ermöglichen. Im Kern dieser Technologie liegt die Eigenschaft, dass jegliche Beobachtung oder Messung eines Quantensystems dessen Zustand unweigerlich verändert. Dies bedeutet, dass jeder Versuch, die für den Schlüsselaustausch verwendeten Quanteninformationen abzufangen, von den Kommunikationspartnern erkannt wird.

Im Gegensatz zu traditionellen kryptographischen Methoden, deren Sicherheit auf der rechnerischen Schwierigkeit beruht, bestimmte mathematische Probleme zu lösen (wie beispielsweise die Faktorisierung großer Zahlen), basiert die Sicherheit von QKD auf den fundamentalen Gesetzen der Quantenphysik. Dies bietet eine Form der Sicherheit, die als zukunftssicher gilt, da sie nicht durch technologische Fortschritte kompromittiert werden kann.

Die ersten kommerziellen QKD-Systeme bieten vielversprechende Anwendungen für eine Vielzahl von Branchen, die sichere Kommunikationskanäle benötigen. Dazu gehören unter anderem die Finanzbranche, staatliche Sicherheitsorganisationen und Betreiber kritischer Infrastrukturen. Durch die Gewährleistung einer sicheren Schlüsselverteilung können QKD-Systeme dazu beitragen, die Vertraulichkeit und Integrität sensibler Informationen zu schützen.

Trotz des beeindruckenden Potenzials von QKD stehen die Technologie und ihre Implementierung vor Herausforderungen. Dazu gehören die Notwendigkeit, die Reichweite und Effizienz der Systeme zu erhöhen, sowie die Kosten für die Implementierung zu senken. Fortschritte in der Quantenkommunikationstechnologie, einschließlich der Entwicklung von Satelliten-basierten QKD-Systemen und der Integration von QKD in bestehende optische Netzwerke, deuten jedoch darauf hin, dass diese Herausforderungen zunehmend bewältigt werden können.

Die kontinuierliche Forschung und Entwicklung im Bereich der Quantenkommunikation verspricht, die Fähigkeiten und die Verfügbarkeit von QKD-Systemen weiter zu verbessern. Mit der fortschreitenden Miniaturisierung der Technologie und der Integration in bestehende Kommunikationsinfrastrukturen könnten QKD-Systeme eine immer wichtigere Rolle in der Sicherstellung der globalen Kommunikationssicherheit spielen. Die Zukunft der Quantenkommunikation und -kryptographie sieht daher vielversprechend aus, mit dem Potenzial, eine neue Ära der Kommunikationssicherheit einzuleiten, die auf den unveränderlichen Prinzipien der Quantenmechanik basiert.

Quanteninternet

Die Entwicklung eines Quanteninternets stellt einen der faszinierendsten und gleichzeitig herausforderndsten Fortschritte in der modernen Kommunikationstechnologie dar.

Dieses ambitionierte Ziel beruht auf den Prinzipien der Quantenmechanik, insbesondere auf dem bereits dargestellten Phänomen der Quantenverschränkung, das die Basis für eine revolutionäre Art der Informationsübertragung bietet.

Ein Quanteninternet nutzt die Quantenverschränkung, um Informationen zwischen zwei Punkten über sogenannte Quantenbits oder Qubits zu übertragen, ohne dass die Information einen physischen Weg zwischen den beiden Punkten zurücklegen muss. Dies erweitert nicht nur die Bandbreite der Informationsübertragung, sondern erhöht auch die Sicherheit, da jede Form des Abhörens die Quantenzustände stören und somit sofort erkennbar machen würde.

Die Realisierung eines solchen Quantennetzwerks erfordert jedoch bahnbrechende Fortschritte in der Quantentechnologie. Forschungsinitiativen auf der ganzen Welt, darunter Regierungsprojekte, akademische Institutionen und private Unternehmen, investieren erhebliche Ressourcen in die Überwindung technischer Herausforderungen. Dazu gehören die Entwicklung von Quantenrepeatern, die zur Überbrückung großer Entfernungen notwendig sind, die zuverlässige Erzeugung und Manipulation von verschränkten Zuständen und die Integration mit bestehenden Telekommunikationsinfrastrukturen.

Ein Schlüsselanwendungsbereich eines Quanteninternets liegt in der Schaffung von Kommunikationsnetzwerken, die gegenüber jeglicher Form von Cyberangriffen theoretisch sicher sind. Mithilfe der Quantenverschlüsselung, einem direkten Anwendungsfall der Quantenverschränkung, könnten Nachrichten so übermittelt werden, dass sie nur vom beabsichtigten Empfänger in ihrem ursprünglichen Zustand gelesen werden können. Jeder Versuch, die übertragenen Informationen abzufangen, würde die Quantenzustände verändern und somit die Präsenz des Lauschers offenbaren.

Obwohl die Vision eines vollständig realisierten Quanteninternets noch in der Ferne liegt, markieren die laufenden Forschungs- und Entwicklungsprojekte bedeutende Schritte in Richtung dieses Ziels. Die erfolgreiche Implementierung eines solchen Systems könnte die Art und Weise, wie wir über Datenübertragung und -sicherheit denken, grundlegend verändern und eine neue Ära der Kommunikation einläuten, die auf den Grundprinzipien der Quantenmechanik basiert. Die Fortschritte in diesem Bereich werden mit großer Spannung beobachtet, da sie das Potenzial haben, die Landschaft der globalen Kommunikation und Sicherheit zu revolutionieren.

Das Quanteninternet verspricht, die Kommunikationstechnologie weit über die Grenzen der klassischen Datenübertragung hinauszuführen. Es baut auf den Prinzipien der Quantenmechanik auf, insbesondere auf der Quantenverschränkung, die es ermöglicht, Informationen zwischen Partnern über beliebige Distanzen hinweg zu teilen, ohne dass diese Informationen einen klassischen Übertragungsweg nutzen müssen. Dieses revolutionäre Konzept bietet zahlreiche Anwendungsbereiche und Vorteile, die sowohl die Sicherheit als auch die Effizienz der Datenübertragung erheblich verbessern könnten.

Anwendungsbereiche

- Quantenkryptografie und sichere Kommunikation: Der wohl unmittelbarste und offensichtlichste Anwendungsbereich eines Quanteninternets ist die Quantenkryptografie, insbesondere das Quantum Key Distribution (QKD) Protokoll. QKD ermöglicht es zwei Parteien, einen sicheren Kommunikationsschlüssel zu teilen, der gegen Abhörversuche immun ist. Die Sicherheit beruht auf den Gesetzen der Quantenmechanik, die besagen, dass das Messen eines Quantenzustandes diesen Zustand verändert. Ein Eindringling kann daher nicht unbemerkt bleiben.
- Sicheres Cloud Computing: In einer Welt, in der Cloud-Dienste zunehmend an Bedeutung gewinnen, könnte ein Quanteninternet die Sicherheit dieser Dienste erheblich verbessern. Daten könnten in Quantenzuständen gespeichert und übertragen werden, was sie vor Hacking und unbefugtem Zugriff schützt.
- Verteilte Quantencomputing-Netzwerke: Quantencomputer versprechen, Probleme zu lösen, die für klassische Computer praktisch unlösbar sind. Ein Quanteninternet könnte Quantencomputer über große Entfernungen hinweg verbinden, wodurch ihre Rechenkapazität und Effizienz durch verteiltes Computing verbessert wird.
- Verbesserte Sensoren und Teleskope: Quantenverschränkung kann auch verwendet werden,

um die Empfindlichkeit von Sensoren und Teleskopen zu erhöhen. Ein Quanteninternet könnte die Koordination solcher Geräte über große Entfernungen hinweg erleichtern, was beispielsweise in der Astronomie zu einem besseren Verständnis des Universums führen könnte.

Vorteile

- Unknackbare Sicherheit: Der Hauptvorteil eines Quanteninternets liegt in der Sicherheit. Die Übertragung von Informationen über Quantenzustände und -verschränkungen ist prinzipiell sicher vor jeglichem unbefugten Zugriff, da jede Messung oder Störung des Zustands sofort erkennbar wäre.
- Hohe Effizienz: Quantenkommunikation könnte effizienter sein als traditionelle Kommunikationsmethoden, da sie in der Lage ist, mehrere Zustände gleichzeitig zu übertragen und zu verarbeiten. Dies könnte zu einer deutlichen Steigerung der Übertragungskapazitäten führen.
- Globale Reichweite: Ein weiterer bedeutender Vorteil ist die Möglichkeit, Informationen über beliebige Entfernungen nahezu augenblicklich zu übertragen. Dies steht im Gegensatz zu herkömmlichen Kommunikationsmethoden, bei denen die Übertragungsgeschwindigkeit durch die Distanz und die Übertragungsmedien begrenzt ist.

- Förderung wissenschaftlicher Forschung: Ein Quanteninternet würde auch die wissenschaftliche Forschung vorantreiben, indem es neue Möglichkeiten für Experimente in der Quantenphysik und verwandten Disziplinen eröffnet. Es könnte helfen, einige der grundlegenden Fragen der Physik zu beantworten und zur Entwicklung neuer Technologien führen.

Insgesamt stellt das Quanteninternet eine bahnbrechende Technologie dar, die das Potenzial hat, die Art und Weise, wie wir über Kommunikation, Sicherheit und Datenverarbeitung denken, grundlegend zu verändern. Während die praktische Umsetzung noch einige Herausforderungen mit sich bringt, arbeiten Forscher weltweit bereits daran, die Vision eines globalen, sicheren und effizienten Quanteninternets zu verwirklichen.

Skalierbare Quantensysteme

Die Entwicklung skalierbarer Quantensysteme stellt einen der zentralen Forschungsbereiche in der Quanteninformatik dar. Diese Systeme sollen in der Lage sein, eine große Anzahl von Qubits effektiv zu manipulieren und zu kontrollieren, um komplexe Berechnungen durchzuführen, die weit über die Fähigkeiten klassischer Computer hinausgehen.

Zwei entscheidende Aspekte auf diesem Weg sind Fortschritte in der Fehlerkorrektur und in der Systemarchitektur von Quantencomputern. Diese Entwicklungen sind essenziell, um groß angelegte, fehlertolerante Quantencomputer zu realisieren.

Fortschritte in der Fehlerkorrektur

Quantencomputer sind anfällig für Fehler durch Dekohärenz und Quantenrauschen, was auf die Interaktion der Qubits mit ihrer Umgebung zurückzuführen ist. Da die Information in Quantenzuständen gespeichert ist, können schon geringste externe Einflüsse diese Zustände stören und die gespeicherten Informationen verfälschen. Fortschritte in der Fehlerkorrektur sind daher entscheidend, um zuverlässige Berechnungen mit Quantencomputern durchführen zu können.

Quantenfehlerkorrekturcodes sind komplex und erfordern in der Regel die Verwendung mehrerer physikalischer Qubits, um ein einziges logisches Qubit fehlertolerant zu machen. Diese Codes ermöglichen es dem System, Fehler zu erkennen und zu korrigieren, ohne die Quanteninformation selbst zu messen oder zu stören. Die Entwicklung effizienter Fehlerkorrekturmechanismen ist eine der größten Herausforderungen auf dem Weg zu skalierbaren Quantensystemen, da sie eine erhebliche Anzahl zusätzlicher Qubits und eine erhöhte Systemkomplexität mit sich bringt.

Verbesserungen in der Systemarchitektur

Die Architektur eines Quantencomputers spielt eine entscheidende Rolle für seine Skalierbarkeit und

Leistungsfähigkeit. Im Gegensatz zu klassischen Computern, deren Architektur relativ standardisiert ist, gibt es bei Quantencomputern eine Vielzahl von Ansätzen, darunter Systeme, die auf supraleitenden Qubits, Ionenfallen, Topologischen Qubits und Photonen basieren.

Jede dieser Technologien hat ihre eigenen Vor- und Nachteile in Bezug auf Fehleranfälligkeit, Kohärenzzeiten, Skalierbarkeit und Kontrollierbarkeit. Die Auswahl und Optimierung der Systemarchitektur hängt von der Anwendung ab, für die der Quantencomputer entwickelt wird. Fortschritte in der Materialwissenschaft, der Nanotechnologie und der optischen Technik tragen zur Entwicklung von Architekturen bei, die eine größere Anzahl von Qubits zuverlässig steuern und miteinander verknüpfen können.

Die Integration von fehlerkorrigierenden Codes in die Systemarchitektur ist ein weiterer wichtiger Schritt. Dies erfordert eine enge Zusammenarbeit zwischen den Bereichen der Quantenhardware und der algorithmischen Entwicklung, um sicherzustellen, dass die Systeme nicht nur groß und leistungsfähig, sondern auch praktisch nutzbar sind.

Ausblick

Die Realisierung von groß angelegten, fehlertoleranten Quantencomputern würde einen Quantensprung in der Informationsverarbeitung bedeuten. Solche Systeme könnten Aufgaben in den Bereichen

Materialwissenschaft, Medikamentenentwicklung, Optimierungsprobleme und Kryptografie in einer Weise lösen, die für klassische Systeme unerreichbar ist. Trotz der enormen technischen Herausforderungen, die noch zu überwinden sind, machen die kontinuierlichen Fortschritte in der Fehlerkorrektur und Systemarchitektur eine zukünftige Realisierung solcher Quantencomputer immer wahrscheinlicher. Forschung und Entwicklung in diesen Bereichen sind entscheidend, um die Grenzen dessen zu erweitern, was mit Computertechnologie möglich ist, und um das enorme Potenzial der Quanteninformatik voll auszuschöpfen.

Quantenalgorithmen für praktische Anwendungen

Die Erforschung und Entwicklung von Quantenalgorithmen, die spezifische Vorteile gegenüber klassischen Algorithmen bieten, ist ein vielversprechendes Feld innerhalb der Quanteninformatik. Diese Algorithmen sind darauf ausgelegt, die einzigartigen Eigenschaften von Quantencomputern zu nutzen, um Probleme in verschiedenen Bereichen wie Materialwissenschaft, Optimierungsproblemen und maschinellem Lernen effizienter zu lösen.

Materialwissenschaft

In der Materialwissenschaft könnten Quantenalgorithmen verwendet werden, um die Eigenschaften komplexer Moleküle und Materialien auf einer Quantenebene zu simulieren und zu analysieren. Diese Simulationen sind für klassische Computer extrem rechenintensiv oder sogar unmöglich, da die Anzahl der möglichen Zustände in einem Quantensystem exponentiell mit der Anzahl der Teilchen wächst. Quantencomputer können jedoch die Überlagerung von Zuständen nutzen, um solche Systeme direkt und effizient zu simulieren. Dies könnte den Weg für die Entdeckung neuer Materialien, die Entwicklung von Hochleistungsbatterien, verbesserten Solarzellen und neuartigen Medikamenten ebnen.

Optimierungsprobleme

Optimierungsprobleme sind in vielen Bereichen der Industrie und Wissenschaft allgegenwärtig, von der Logistik über das Maschinenbauwesen bis hin zur Finanzwirtschaft. Quantencomputer bieten die Möglichkeit, Lösungen für solche Probleme schneller zu finden, indem sie eine breite Palette potenzieller Lösungen gleichzeitig explorieren und durch Quanteninterferenz schnell die optimalen oder nahezu optimalen Lösungen identifizieren. Beispielsweise könnten Quantenalgorithmen dazu beitragen, die Effizienz von Lieferketten zu steigern, die Kosten für die Herstellung zu senken oder komplexe Netzwerkprobleme zu lösen.

Maschinelles Lernen

Im Bereich des maschinellen Lernens könnten Quantenalgorithmen dazu beitragen, die Geschwindigkeit und Effizienz von Lernalgorithmen zu verbessern. Quantencomputer könnten beispielsweise bei der Mustererkennung, der Optimierung von maschinellen Lernmodellen oder der Beschleunigung von datenintensiven Prozessen wie dem Training von tiefen neuronalen Netzwerken eingesetzt werden. Durch die Fähigkeit, große Datenmengen simultan zu verarbeiten und komplexe Berechnungen durchzuführen, könnten Quantencomputer die Art und Weise, wie wir maschinelles Lernen und künstliche Intelligenz einsetzen, revolutionieren.

Die Entwicklung dieser Algorithmen steht jedoch vor erheblichen Herausforderungen. Dazu gehört die Notwendigkeit, die Algorithmen an die noch begrenzten Fähigkeiten und Ressourcen aktueller Quantencomputer anzupassen, sowie die Entwicklung neuer theoretischer Rahmenbedingungen und Techniken für die Quantenprogrammierung. Trotz dieser Herausforderungen ist das Potenzial von Quantenalgorithmen enorm, und die Forschung in diesem Bereich wird weltweit intensiv vorangetrieben. Die Fortschritte in diesem Feld könnten nicht nur zu bedeutenden wissenschaftlichen und technologischen Durchbrüchen führen, sondern auch ganz neue Geschäftsmodelle und Industriezweige ermöglichen.

Insgesamt stehen wir möglicherweise an der Schwelle zu einer neuen Ära der Computertechnologie, in der Quantencomputer und die darauf abgestimmten Algorithmen die Lösung realer Probleme in einer Weise ermöglichen, die bisher unvorstellbar war. Die Forschung in den kommenden Jahren wird entscheidend sein, um das volle Potenzial dieser Technologie zu erschließen und praktisch nutzbare Anwendungen für die Gesellschaft zu entwickeln.

Demonstration der Quantenüberlegenheit

Die Demonstration der Quantenüberlegenheit ist ein bedeutender Meilenstein in der Entwicklung der Quantencomputertechnologie. Quantenüberlegenheit bezeichnet den Punkt, an dem ein Quantencomputer eine spezifische Aufgabe schneller oder effizienter lösen kann als der leistungsfähigste verfügbare klassische Supercomputer. Dieses Konzept ist nicht nur ein wichtiger Indikator für den praktischen Fortschritt in der Quantencomputertechnologie, sondern auch ein Beweis für das theoretische Potenzial von Quantencomputern, Probleme zu lösen, die für klassische Computer unzugänglich sind.

Google's Sycamore-Prozessor

Im Jahr 2019 meldete Google einen Durchbruch in der Quantencomputertechnologie mit ihrem 54-Qubit Sycamore-Prozessor.

Google behauptete, die Quantenüberlegenheit erreicht zu haben, indem sie eine spezifische Berechnungsaufgabe in etwa 200 Sekunden durchführten, für die der leistungsfähigste traditionelle Supercomputer der Welt, der IBM Summit, ungefähr 10.000 Jahre benötigen würde. Die Aufgabe, die der Sycamore-Prozessor löste, war zwar nur von akademischem Interesse und hatte keine praktische Anwendung, demonstrierte jedoch eindeutig die Fähigkeit von Quantencomputern, Berechnungen durchzuführen, die außerhalb der Reichweite klassischer Computer liegen.

Die Ankündigung von Google markierte einen historischen Moment für die Quantencomputing-Community und die breitere wissenschaftliche Welt, löste jedoch auch eine Debatte über die Definition und die Bedeutung von Quantenüberlegenheit aus. Einige Experten und Unternehmen, darunter IBM, wiesen darauf hin, dass die spezifische Aufgabe, die Google für ihren Beweis ausgewählt hatte, keinen direkten praktischen Nutzen hat und dass die Methoden zur Schätzung der Zeit, die klassische Computer für diese Aufgabe benötigen würden, unklar seien.

Unabhängig von den Debatten hat die Demonstration der Quantenüberlegenheit durch Google eine symbolische Bedeutung: Sie zeigt, dass Quantencomputer das Potenzial haben, weit über die Grenzen klassischer Informationsverarbeitung hinauszugehen. Dieser Erfolg hat das Interesse an und die Investitionen in Quantencomputertechnologie weltweit verstärkt, was zu beschleunigten Forschungs- und Entwicklungsaktivitäten sowohl in der Wissenschaft als auch in der Industrie geführt hat.

Die Erreichung der Quantenüberlegenheit ist nur ein erster Schritt auf dem langen Weg zur Entwicklung voll funktionsfähiger und praktisch einsetzbarer Quantencomputer. Die Herausforderungen, die vor uns liegen, umfassen die Skalierung von Quantensystemen, die Verbesserung der Fehlertoleranz und die Entwicklung von Algorithmen, die realweltliche Probleme lösen können. Trotz dieser Herausforderungen hat die Demonstration der Quantenüberlegenheit das Feld bestärkt und bekräftigt, dass Quantencomputing eine realisierbare und vielversprechende Zukunftstechnologie ist.

Die Fortschritte in der Quantencomputertechnologie und die zunehmende Demonstration praktischer Anwendungen deuten darauf hin, dass Quantencomputer in den kommenden Jahren eine immer wichtigere Rolle in verschiedenen Bereichen spielen könnten, von der Materialwissenschaft über die Pharmazie bis hin zur Optimierung komplexer Systeme.

Anwendungsgebiete von Quantencomputern

Materialwissenschaften

Die Materialwissenschaft stellt einen der vielversprechendsten Anwendungsbereiche für Quantencomputer dar. Dieses Feld, das sich mit der Entdeckung und Entwicklung neuer Materialien befasst, könnte von den einzigartigen Fähigkeiten der Quantencomputing-Technologie erheblich profitieren. Die Komplexität der Materie auf atomarer und molekularer Ebene bringt Berechnungen mit sich, die für klassische Computer entweder extrem zeitintensiv oder schlichtweg unmöglich sind. Hier bieten Quantencomputer einen entscheidenden Vorteil.

Eines der grundlegenden Probleme in der Materialwissenschaft ist die Simulation von Quantensystemen. Klassische Computer stoßen bei der exakten Modellierung von Systemen, die mehr als ein paar Dutzend Quantenteilchen (Elektronen und Atomkerne) enthalten, an ihre Grenzen. Quantencomputer hingegen können diese Einschränkungen überwinden, da sie in der Lage sind, die quantenmechanischen Zustände direkt zu simulieren. Durch die Nutzung von Quantensuperposition und -verschränkung können Quantencomputer komplexe Moleküle und Materialien in einer Weise modellieren, die die Natur viel genauer widerspiegelt.

Die Fähigkeit zur präzisen Simulation von Materialien auf Quantenebene hat das Potenzial, die Entwicklung neuer Materialien zu revolutionieren. Wissenschaftler könnten die Eigenschaften von Materialien vorhersagen, ohne zeitaufwändige und kostspielige physische Experimente durchführen zu müssen. Dies könnte die Entdeckung neuer, leistungsfähiger Materialien für Elektronik, Energieerzeugung und -speicherung, sowie für pharmazeutische Produkte beschleunigen. Beispielsweise könnte die Suche nach Materialien mit hoher Leitfähigkeit für Supraleiter oder effizientere Solarzellen deutlich vereinfacht werden.

Entwicklung neuer Medikamente

Die Anwendung von Quantencomputern in der Pharmazie und Medikamentenentwicklung steht exemplarisch für das transformative Potenzial, das diese Technologie in der biomedizinischen Forschung und darüber hinaus besitzt.

Die Fähigkeit von Quantencomputern, die Wechselwirkungen zwischen Molekülen auf einer fundamentalen, quantenmechanischen Ebene zu simulieren, eröffnet völlig neue Horizonte in der Entdeckung und Entwicklung von Medikamenten. Dieser Ansatz könnte traditionelle Methoden, die oft zeitaufwendig, kostenintensiv und mit einer hohen Fehlerrate behaftet sind, grundlegend verändern.

Die Entwicklung neuer Medikamente ist heutzutage ein langwieriger und kostspieliger Prozess, der von der Entdeckungsphase bis zur Markteinführung oft mehr als ein Jahrzehnt dauern und Milliarden kosten kann. Ein wesentlicher Teil dieser Zeit und Ressourcen wird für die Identifizierung und Optimierung von Wirkstoffen aufgewendet, die spezifische Zielstrukturen im menschlichen Körper effektiv beeinflussen können. Quantencomputer könnten diesen Prozess beschleunigen, indem sie es ermöglichen, eine enorme Anzahl potenzieller Wirkstoffmoleküle schnell zu screenen und deren Interaktionen mit biologischen Zielstrukturen präzise zu berechnen. Dies würde nicht nur die Zeit und Kosten für die Wirkstofffindung reduzieren, sondern auch die Erfolgsquote in den frühen Phasen der Medikamentenentwicklung erhöhen.

Ein weiterer bedeutender Vorteil der Quantencomputing-Technologie liegt in der Möglichkeit, die Dynamik von Molekülen und die Komplexität biologischer Systeme detaillierter zu verstehen. Durch die Simulation der quantenmechanischen Eigenschaften von Molekülen können Wissenschaftler besser vorhersagen, wie ein Medikament im Körper wirken wird, einschließlich seiner Effektivität und möglicher Nebenwirkungen. Dies könnte die Entwicklung sichererer und wirksamerer Medikamente erleichtern, indem es hilft, Kandidaten mit unerwünschten Eigenschaften frühzeitig auszusortieren.

Die hohen Kosten der Medikamentenentwicklung sind teilweise auf die niedrigen Erfolgsraten in den klinischen Phasen zurückzuführen. Durch die präzisere Vorhersage der Wirksamkeit und Sicherheit von

Medikamentenkandidaten könnten Quantencomputer dazu beitragen, diese Erfolgsraten zu verbessern und damit die durchschnittlichen Kosten und Risiken für die Entwicklung neuer Medikamente zu senken. Langfristig könnte dies zu einer diversifizierteren Pipeline von Medikamenten führen und den Zugang zu neuen Therapien für Patienten weltweit erleichtern.

Die Potenziale von Quantencomputern in der Pharmazie und Medikamentenentwicklung sind enorm, doch ihre vollständige Realisierung steht noch bevor. Aktuelle Quantencomputer befinden sich noch in einem frühen Entwicklungsstadium, und es bedarf weiterer Fortschritte in der Quantentechnologie, der Algorithmik und der molekularen Biologie, um diese Potenziale zu erschließen. Dennoch ist das Interesse von Pharmaunternehmen und Forschungsinstituten an der Quantencomputing-Technologie groß, und die ersten Erfolge in der Simulation einfacher Moleküle weisen den Weg zu einer revolutionären Veränderung in der Entdeckung und Entwicklung neuer Medikamente. Die kommenden Jahre könnten entscheidende Durchbrüche bringen, die die Effizienz, Sicherheit und Wirtschaftlichkeit der Medikamentenforschung nachhaltig verbessern.

Personalisierte Medizin

Personalisierte Medizin, die auf die individuellen genetischen, umweltbedingten und lebensstilbezogenen Faktoren eines Patienten zugeschnitten ist, steht im

Mittelpunkt einer revolutionären Veränderung in der Gesundheitsversorgung.

Quantencomputer könnten in diesem Bereich eine Schlüsselrolle spielen, indem sie die Fähigkeiten der personalisierten Medizin erweitern und beschleunigen. Die einzigartige Stärke von Quantencomputern, komplexe Systeme zu simulieren und riesige Datensätze zu analysieren, macht sie zu einem wertvollen Werkzeug für die Entwicklung und Implementierung personalisierter medizinischer Behandlungen und Therapien.

Ein zentraler Aspekt der personalisierten Medizin ist die genetische Analyse. Quantencomputer könnten die Analyse des menschlichen Genoms revolutionieren, indem sie die Zeit für die Sequenzierung und Interpretation genetischer Daten erheblich verkürzen. Dies würde es ermöglichen, genetische Prädispositionen für bestimmte Krankheiten schneller zu identifizieren und maßgeschneiderte Behandlungspläne zu entwickeln, die auf die genetische Konstitution eines Individuums abgestimmt sind.

Quantencomputer bieten das Potenzial, die Entdeckung und Entwicklung von Medikamenten zu transformieren, indem sie präzise Vorhersagen über die Wechselwirkungen zwischen Medikamenten und den individuellen biologischen Systemen der Patienten ermöglichen. Dies könnte zu einer effizienteren Identifizierung von Medikamentenkandidaten führen, die für die Behandlung spezifischer genetischer Mutationen geeignet sind. Solche maßgeschneiderten Therapien könnten effektiver und mit weniger Nebenwirkungen verbunden sein als herkömmliche Behandlungsmethoden.

Die Behandlung in der personalisierten Medizin beruht nicht nur auf genetischen Informationen, sondern auch auf einer Vielzahl von Daten, darunter Umweltfaktoren, Lebensstil und bisherige medizinische Geschichte. Quantencomputer könnten bei der Analyse dieser komplexen Datensätze helfen, um detaillierte und individuell zugeschnittene Behandlungspläne zu erstellen. Durch die Fähigkeit, Muster in großen und komplexen Datensätzen zu erkennen, könnten Quantencomputer dazu beitragen, die Effektivität von Behandlungen zu verbessern und gleichzeitig die Kosten zu senken.

Ein weiterer bedeutender Beitrag von Quantencomputern zur personalisierten Medizin könnte in der Simulation komplexer biologischer Systeme liegen. Indem sie die Wechselwirkungen auf molekularer Ebene genau simulieren, könnten Quantencomputer den Forschern ein besseres Verständnis dafür vermitteln, wie Krankheiten auf individueller Basis entstehen und fortschreiten. Dieses Wissen könnte zur Entwicklung präziserer diagnostischer Tools und effektiverer, personalisierter Therapien führen.

Chemie

Die Chemie ist ein weiterer zukunftsträchtiger Anwendungsbereich für Quantencomputer, der das Potenzial hat, grundlegende Veränderungen in Forschung, Entwicklung und Produktion herbeizuführen.

Die Quantenchemie, die sich mit der Anwendung der Quantenmechanik auf chemische Probleme befasst, bietet ein reiches Feld für die Anwendung der Quantencomputing-Technologie. Quantencomputer könnten in der Lage sein, Probleme zu lösen, die für klassische Computer unzugänglich sind, und so unser Verständnis der chemischen Prozesse auf molekularer Ebene erweitern sowie die Entwicklung neuer Materialien und Substanzen beschleunigen.

Eines der größten Versprechen von Quantencomputern in der Chemie ist ihre Fähigkeit, Moleküle und ihre Reaktionen präzise zu simulieren. Klassische Computer stoßen bereits bei der Simulation relativ kleiner Moleküle an ihre Grenzen, da die Komplexität der Berechnungen exponentiell mit der Größe des Moleküls wächst. Quantencomputer können jedoch die Zustände von Molekülen in einer natürlichen und effizienten Weise darstellen, was zu genaueren und umsetzbaren Einblicken in ihre Eigenschaften und Reaktionswege führt.

Ein weiterer bedeutender Anwendungsbereich ist die Untersuchung von Katalysatoren und Reaktionsmechanismen. Quantencomputer könnten dabei helfen, die Effizienz von Katalysatoren zu verbessern und neue katalytische Prozesse zu entdecken, indem sie ein tieferes Verständnis der Reaktionswege und der Energiebarrieren ermöglichen. Dies könnte zu effizienteren und umweltfreundlicheren Produktionsverfahren in der chemischen Industrie führen.

Ähnlich wie in der Medikamentenentwicklung können Quantencomputer auch in der chemischen Forschung eingesetzt werden, um potenzielle Arzneimittelkandidaten zu identifizieren und zu optimieren. Die Fähigkeit, die Bindungsaffinitäten und Stabilität von Arzneimittel-Zielkomplexen auf Quantenebene zu berechnen, könnte die Entdeckung neuer Medikamente und Therapien beschleunigen.

Optimierungsprobleme lösen

Quantencomputer bieten vielversprechende Perspektiven für die Lösung komplexer Optimierungsprobleme, die in traditionellen Berechnungsparadigmen nur schwer zu bewältigen sind. Ihre Fähigkeit, simultan eine Vielzahl potenzieller Lösungen zu evaluieren und zu optimieren, macht sie ideal für Anwendungen in Bereichen wie Verkehr und Logistik sowie Energieverteilung. Diese Systeme sind typischerweise durch eine hohe Komplexität und Dynamik gekennzeichnet, wobei die Suche nach optimalen Lösungen eine immense rechnerische Herausforderung darstellt. Beispielhaft sei an dieser Stelle genannt:

Verkehr und Logistik

Im Bereich Verkehr und Logistik können Quantencomputer dazu beitragen, die Effizienz von Lieferketten zu steigern, Stau zu reduzieren und Transportnetzwerke zu optimieren. Die Optimierung solcher Netzwerke erfordert die Berücksichtigung einer enormen Anzahl von Variablen, einschließlich Routenplanung, Fahrzeugzuweisung, Lagerbestandsmanagement und Kundenanforderungen. Quantencomputer könnten in der Lage sein, diese Variablen gleichzeitig zu analysieren und nahezu in Echtzeit optimale oder nahezu optimale Lösungen zu finden. Dies könnte zu erheblichen Kosteneinsparungen, verbessertem Kundenservice und einer Verringerung der Umweltauswirkungen führen.

Ein spezifisches Beispiel wäre die Optimierung von Routen für Lieferfahrzeuge, um die Anzahl der gefahrenen Kilometer zu minimieren und gleichzeitig sicherzustellen, dass alle Lieferungen pünktlich erfolgen. Durch die Reduzierung der Gesamtfahrzeit und des Kraftstoffverbrauchs könnten nicht nur Betriebskosten gesenkt, sondern auch die CO_2-Emissionen verringert werden.

Energieverteilung

In der Energieverteilung stehen Netzbetreiber vor der Herausforderung, Angebot und Nachfrage in Echtzeit auszugleichen und gleichzeitig die Zuverlässigkeit des Netzes zu gewährleisten. Mit dem zunehmenden Anteil erneuerbarer Energiequellen, die oft volatil und geografisch verteilt sind, wird diese Aufgabe noch komplexer. Quantencomputer könnten hier einen entscheidenden Beitrag leisten, indem sie komplexe

Optimierungsprobleme lösen, die mit der Verteilung von Energieressourcen verbunden sind.

Ein Anwendungsfall könnte die Optimierung des Energieflusses in einem Smart Grid sein, um die Effizienz zu maximieren und Energieverluste zu minimieren. Durch die Berücksichtigung von Faktoren wie Energieerzeugung aus verschiedenen Quellen, Verbrauchsprognosen, Speicheroptionen und Wetterbedingungen könnten Quantencomputer helfen, die Energieverteilung zu optimieren und den Einsatz von Speichersystemen und die Integration erneuerbarer Energien zu verbessern.

Kryptographie und Sicherheit

Quantencomputer und ihre Auswirkungen auf die Kryptographie und Sicherheit sind zweischneidig. Einerseits bieten sie die Möglichkeit, durch Quantenverschlüsselung extrem sichere Kommunikationsmethoden zu entwickeln. Andererseits stellen sie eine ernsthafte Bedrohung für die Sicherheit bestehender Verschlüsselungsmethoden dar. Diese Dynamik ist zentral für das Verständnis der zukünftigen Landschaft der Informationssicherheit.

Quantenverschlüsselung

Quantenverschlüsselung, insbesondere Quantum Key Distribution (QKD), ist ein fortschrittlicher Ansatz zur sicheren Kommunikation, der die Prinzipien der Quantenmechanik nutzt. QKD ermöglicht es zwei Parteien, einen sicheren Schlüssel zu generieren und auszutauschen, ohne dass dieser von einem Dritten abgefangen werden kann, ohne dass dies bemerkt würde. Die Sicherheit von QKD basiert auf dem quantenmechanischen Prinzip, dass das Messen eines Quantenzustands diesen Zustand unweigerlich verändert. Ein Lauscher, der versucht, den Schlüssel abzufangen, würde daher die Quanteninformation verändern und damit seine Anwesenheit offenbaren. QKD-Systeme sind bereits in Entwicklung und bieten eine potenziell unknackbare Methode der Verschlüsselung, die für sicherheitskritische Anwendungen wie staatliche Kommunikation, militärische Kommunikation und die Übertragung sensibler Informationen im Finanzsektor geeignet ist.

Bedrohungen für bestehende Verschlüsselungsmethoden

Die Fähigkeit von Quantencomputern, bestimmte mathematische Probleme exponentiell schneller zu lösen als klassische Computer, stellt eine ernsthafte Bedrohung für die Sicherheit vieler aktuell verwendeter Verschlüsselungsstandards dar. Insbesondere asymmetrische Kryptosysteme, wie RSA und ECC (Elliptic Curve Cryptography), die auf der Schwierigkeit von Problemen wie der Faktorisierung großer Zahlen oder dem Diskreten Logarithmus in elliptischen Kurven beruhen, könnten durch Quantencomputer effektiv gebrochen werden. Der Shor-Algorithmus, ein Quantenalgorithmus, der diese Art von Problemen in polynomialer Zeit lösen kann, zeigt das potenzielle Ausmaß der

Bedrohung. Dies bedeutet, dass Informationen, die heute als sicher verschlüsselt gelten, in Zukunft durch die Entwicklung leistungsfähiger Quantencomputer entschlüsselt werden könnten.

Die potenzielle Bedrohung durch Quantencomputer hat zur Entwicklung der Post-Quanten-Kryptographie (PQC) geführt, einem Forschungsfeld, das sich mit der Entwicklung von Verschlüsselungsmethoden befasst, die auch in der Ära der Quantencomputing sicher sind. PQC-Methoden basieren auf mathematischen Problemen, die auch für Quantencomputer als schwierig angesehen werden. Die Forschung und Standardisierung von PQC-Algorithmen wird derzeit intensiv vorangetrieben, um einen nahtlosen Übergang zu sichereren Verschlüsselungsmethoden zu ermöglichen, bevor leistungsfähige Quantencomputer allgemein verfügbar werden.

Finanzwesen

Quantencomputer bieten im Finanzwesen vielversprechende Anwendungsmöglichkeiten, insbesondere in den Bereichen Risikoanalyse und Portfoliooptimierung. Diese Technologie hat das Potenzial, die Art und Weise, wie Finanzinstitutionen komplexe Berechnungen durchführen und Entscheidungen treffen, grundlegend zu verändern, indem sie Berechnungen in einer Geschwindigkeit und Komplexität ermöglicht, die mit herkömmlichen Computern nicht erreichbar ist.

Risikoanalyse

Die Risikoanalyse ist ein kritischer Bestandteil des Finanzmanagements, der darauf abzielt, das Ausmaß und die Wahrscheinlichkeit finanzieller Verluste zu bewerten. In der modernen Finanzwelt werden komplexe Modelle und Simulationen, wie zum Beispiel Monte-Carlo-Simulationen, verwendet, um die Verteilung möglicher zukünftiger Ergebnisse basierend auf einer Vielzahl von Eingabeparametern zu analysieren. Quantencomputer können diese Simulationen erheblich beschleunigen, indem sie die Fähigkeit nutzen, eine große Anzahl von Berechnungspfaden simultan zu verfolgen. Dies könnte Finanzinstitutionen ermöglichen, präzisere Risikobewertungen in kürzerer Zeit durchzuführen, was insbesondere bei der Bewertung des Gegenparteirisikos, der Marktrisiken und der Kreditrisiken von unschätzbarem Wert sein kann.

Portfoliooptimierung

Portfoliooptimierung ist der Prozess der Auswahl der besten Mischung von Vermögenswerten mit dem Ziel, das Risiko zu minimieren und/oder die erwartete Rendite zu maximieren, unter Berücksichtigung verschiedener Beschränkungen (wie Budget, Risikotoleranz, Anlagehorizont). Dieses Problem kann mathematisch sehr komplex werden, besonders wenn eine große Anzahl von Vermögenswerten mit komplexen Beziehungen und Unsicherheiten bezüglich ihrer erwarteten Renditen und Risiken involviert ist. Quantencomputer haben das Potenzial, diese Optimierungsprobleme effizienter zu lösen, indem sie Algorithmen verwenden, die in der Lage sind, die enorme Lösungslandschaft viel schneller zu durchsuchen, als es mit klassischen Optimierungsmethoden möglich wäre. Dies könnte zu besseren, informationsreicheren Anlagestrategien führen, die die Rendite steigern und das Risiko für Investoren minimieren.

Die Anwendung von Quantencomputern im Finanzwesen steht noch in den Anfängen, und es gibt sowohl technische als auch praktische Herausforderungen zu überwinden. Dazu gehören die Entwicklung und Skalierung der Quantenhardware, die Anpassung und Erstellung spezifischer Algorithmen für Finanzanwendungen sowie Fragen der Datenintegrität und -sicherheit. Nichtsdestotrotz arbeiten viele Finanzinstitutionen und Technologieunternehmen bereits an Forschungsprojekten und Pilotprogrammen, um das Potenzial von Quantencomputern in diesem Bereich zu erkunden.

Die Zukunft von Quantencomputern

Die Entwicklungen im Bereich der Quantencomputertechnologie beeinflussen zahlreiche Aspekte von Wissenschaft, Technologie, Industrie sowie gesellschaftliche und ethische Normen. Diese Dynamiken spiegeln sich in theoretischen und technischen Fortschritten, Auswirkungen auf Wissenschaft und Technologie, Kommerzialisierung und industriellen Anwendungen, gesellschaftlichen und ethischen Überlegungen sowie in den Herausforderungen und Lösungsansätzen wider. Wir wollen diese Überlegungen hier nur in aller Kürze wiedergeben.

Entwicklung von Topologie-Qubits

Topologie-Qubits gelten als vielversprechender Weg, um stabile Quantencomputer zu realisieren. Diese Qubits basieren auf topologischen Zuständen der Materie, die natürlicherweise gegenüber vielen Arten von Störungen resistent sind. Ihre Entwicklung könnte die Notwendigkeit umfassender Quantenfehlerkorrektur verringern und gleichzeitig die Kohärenzzeiten der Qubits verlängern, was eine wesentliche Voraussetzung für praktisch einsetzbare Quantencomputer darstellt.

Fortschritte in der Quantenfehlerkorrektur

Quantenfehlerkorrektur ist entscheidend für die Realisierung zuverlässiger Quantenberechnungen. Aktuelle Fortschritte zielen darauf ab, effiziente Codes und Protokolle zu entwickeln, die die Anfälligkeit von Quantensystemen für Fehler adressieren und korrigieren können, ohne die Quanteninformation zu zerstören. Diese Bemühungen sind entscheidend für den Bau skalierbarer und praktisch nutzbarer Quantencomputer.

Revolution in der Datenverarbeitung

Quantencomputer versprechen, die Datenverarbeitung durch ihre Fähigkeit, Probleme exponentiell schneller zu lösen als klassische Computer, zu revolutionieren. Dies könnte insbesondere bei der Lösung von Problemen, die eine enorme Rechenleistung erfordern, wie z.B. in der Kryptographie, Materialwissenschaft und bei Optimierungsproblemen, transformative Auswirkungen haben.

Neue Forschungsfelder durch Quantensimulationen

Quantensimulationen ermöglichen die Untersuchung von Phänomenen, die mit herkömmlichen Computern nicht simuliert werden können. Dies öffnet neue Forschungsfelder in der Physik, Chemie und Biologie und ermöglicht Einblicke in komplexe Systeme, die das Verständnis grundlegender Naturgesetze erweitern und zur Entwicklung neuer Technologien führen können.

Kommerzialisierung und industrielle Anwendungen

Die fortschreitende Kommerzialisierung von Quantencomputertechnologien durch die Entwicklung von Cloud-basierten Services und Plattformen ist ein zwangsläufiger Trend, der die Landschaft der Quantencomputernutzung transformiert. Diese Plattformen ermöglichen es Unternehmen und Forschungseinrichtungen, Quantenberechnungen durchzuführen, ohne selbst in teure und komplexe Quantencomputing-Infrastrukturen investieren zu müssen. Dadurch wird der Zugang zu Quantencomputern erheblich erweitert und die Integration von Quantentechnologien in bestehende IT-Systeme erleichtert.

Die Bereitstellung von Quantencomputing über die Cloud demokratisiert den Zugang zu dieser fortschrittlichen Technologie, indem sie kleinen und mittleren Unternehmen sowie Forschern weltweit ermöglicht, an der Spitze der Quantenforschung und -anwendung zu arbeiten. Diese Entwicklung senkt nicht nur die Einstiegsbarrieren für die Nutzung von Quantencomputern, sondern fördert auch eine breitere Akzeptanz und Anwendung von Quantentechnologien in verschiedenen Industrien und Forschungsbereichen.

Cloud-basierte Quantencomputerservices bieten eine flexible und skalierbare Umgebung für die Durchführung von Quantenberechnungen, was besonders wichtig für Anwendungen ist, die eine variable Rechenleistung erfordern. Die Nutzer können ihre Projekte effizient skalieren und dabei von den Kostenvorteilen und der geringeren Komplexität profitieren, die durch die Cloud bereitgestellt werden. Darüber hinaus beschleunigen diese Services die Forschung und Entwicklung in Feldern, die von der Quantencomputertechnologie profitieren können, wie Materialwissenschaften, pharmazeutische Forschung und komplexe Optimierungsprobleme.

Die Integration von Quantencomputertechnologien in bestehende IT-Infrastrukturen stellt jedoch eine Herausforderung dar. Cloud-Plattformen überbrücken diese Lücke, indem sie Schnittstellen und Entwicklungswerkzeuge anbieten, die die Implementierung von Quantenalgorithmen in herkömmliche Computing-Umgebungen erleichtern. Diese Tools sind entscheidend für die Schaffung eines reibungslosen Übergangs von klassischen zu Quantencomputing-Ressourcen und ermöglichen es Entwicklern, die Vorteile von Quantencomputern zu nutzen, ohne Experten auf diesem Gebiet sein zu müssen.

Trotz der vielversprechenden Vorteile stehen die Kommerzialisierung und breite Anwendung von Quantencomputern vor mehreren Herausforderungen, darunter die Komplexität von Quantenalgorithmen, Sicherheitsbedenken und technische Limitationen aktueller Quantencomputer. Die Entwicklung und das Verständnis von Quantenalgorithmen erfordern spezialisiertes Wissen, das derzeit begrenzt ist. Zudem erfordert die potenzielle Bedrohung durch Quantencomputer für bestehende

Verschlüsselungsstandards eine Überarbeitung der Sicherheitsstrategien.

Trotz dieser Herausforderungen treiben kontinuierliche Fortschritte in Forschung und Entwicklung sowie die Zusammenarbeit zwischen Wissenschaft und Industrie die Überwindung dieser Barrieren voran. Die zunehmende Verfügbarkeit von Quantencomputing-Ressourcen und die Weiterentwicklung von Technologien und Algorithmen lassen erwarten, dass Quantencomputer in naher Zukunft eine wichtige Rolle in vielen Anwendungsbereichen spielen werden, wodurch sie zu einem integralen Bestandteil der globalen IT-Infrastruktur werden.

Kooperationen zwischen Wissenschaft und Industrie

Die wachsende Zusammenarbeit zwischen akademischen Einrichtungen und der Industrie spielt eine zentrale Rolle bei der Förderung der Entwicklung und Anwendung von Quantentechnologien. Diese Kooperationen sind ein Schlüsselfaktor, um die Lücke zwischen theoretischer Forschung und praktischer Anwendung zu schließen, und sie haben einen Einfluss auf die Beschleunigung der Kommerzialisierung von Quantencomputertechnologien.

Durch die Kombination von Expertise, Ressourcen und Interessen ermöglichen diese Partnerschaften einen effizienteren Transfer von Wissen und Technologien aus dem Labor in den Markt. Sie erleichtern nicht nur den

Zugang der Industrie zu den neuesten wissenschaftlichen Erkenntnissen und Innovationen, sondern bieten auch akademischen Forschern die Möglichkeit, die praktischen Anwendungen und Herausforderungen ihrer Arbeit zu verstehen.

Diese Synergien sind besonders wichtig in einem so komplexen und spezialisierten Feld wie dem Quantencomputing, in dem die Entwicklungszyklen von Technologien schnell und die Anforderungen an Fachwissen und Infrastruktur hoch sind. Unternehmen profitieren von der fortschrittlichen Forschung und den Talenten in den Universitäten, während die akademische Welt durch die Industriepartnerschaften wertvolle Einblicke in reale Anwendungsfälle und zusätzliche Finanzierungsquellen erhält.

Die Zusammenarbeit reicht von gemeinsamen Forschungsprojekten und der Entwicklung von Prototypen bis hin zu Ausbildungsprogrammen, die darauf abzielen, eine neue Generation von Wissenschaftlern und Ingenieuren für die Arbeit in der Quantentechnologie auszubilden. Darüber hinaus spielen diese Partnerschaften eine wichtige Rolle bei der Formulierung von Standards und Protokollen für Quantentechnologien, was für die Schaffung eines interoperablen und sicheren Quantenökosystems unerlässlich ist.

Letztendlich tragen solche Kooperationen dazu bei, die kommerzielle Landschaft für Quantentechnologien zu gestalten, indem sie Innovationen vorantreiben, die Anwendungsbereiche erweitern und zur Schaffung eines

Marktes beitragen, der die wirtschaftliche Nutzung von Quantencomputern unterstützt. Diese dynamische Interaktion zwischen Wissenschaft und Industrie ist entscheidend, um das volle Potenzial der Quantentechnologien zu erschließen und ihre transformative Wirkung auf verschiedene Branchen zu realisieren.

Datenschutz und Sicherheit

Mit dem Aufkommen von Quantencomputern stehen die Sicherheit digitaler Systeme und der Schutz sensibler Daten vor einer beispiellosen Herausforderung. Diese leistungsstarken Maschinen besitzen das Potenzial, die Verschlüsselungsmethoden, die derzeit den Großteil unserer digitalen Kommunikation und Datenspeicherung sichern, zu knacken. Dadurch wird eine dringende Notwendigkeit zur Neubewertung und Anpassung von Datenschutz- und Sicherheitsstrategien hervorgerufen. In diesem Kontext erweist sich die Entwicklung der Post-Quanten-Kryptographie als entscheidend. Diese neue Kryptographie-Generation zielt darauf ab, Algorithmen zu schaffen, die auch in der Ära leistungsfähiger Quantencomputer die Vertraulichkeit und Integrität digitaler Informationen sicherstellen können.

Die Post-Quanten-Kryptographie stellt einen proaktiven Ansatz dar, um den bevorstehenden Sicherheitsherausforderungen zu begegnen, indem sie mathematische Probleme nutzt, die auch für Quantencomputer als schwer lösbar gelten. Die Arbeit an solchen kryptographischen Systemen ist komplex und erfordert ein tiefes

Verständnis sowohl der Quantencomputertechnologie als auch der theoretischen Informatik. Ihre erfolgreiche Implementierung wird nicht nur den Schutz von Regierungs- und Finanzkommunikation gewährleisten, sondern auch die Sicherheit der alltäglichen digitalen Interaktionen von Milliarden von Nutzern auf der ganzen Welt.

Dieser Übergang zur Post-Quanten-Kryptographie stellt eine enorme gemeinschaftliche Anstrengung dar, die Wissenschaftler, Technologieunternehmen und Regulierungsbehörden umfasst, um Standards zu entwickeln und zu implementieren, die den digitalen Fortschritt sichern und gleichzeitig das Datenschutzniveau erhöhen. Die Entwicklung und Verbreitung dieser neuen kryptographischen Systeme wird Zeit brauchen, weshalb es entscheidend ist, dass diese Bemühungen jetzt mit Nachdruck vorangetrieben werden. Auf diese Weise kann vielleicht sichergestellt werden, dass die digitale Welt auf die Ankunft der Quantencomputertechnologie vorbereitet ist und die Sicherheit und Vertraulichkeit der Informationen auch in dieser neuen Ära gewahrt bleiben.

Bildung und Arbeitsmarkt

Die rasante Entwicklung der Quantentechnologie wird tiefgreifende Auswirkungen auf den Arbeitsmarkt haben, indem sie neue Anforderungen an die Kompetenzen und Qualifikationen der Arbeitskräfte stellt. In diesem dynamischen Umfeld wird die Bedeutung von

Bildung und Ausbildung in Quantencomputing und verwandten Disziplinen immer deutlicher. Um für die kommenden Veränderungen gewappnet zu sein, ist es unerlässlich, dass Bildungseinrichtungen und Ausbildungsprogramme sich anpassen und erweitern, um den zukünftigen Bedarf an qualifizierten Fachkräften zu decken.

Die Förderung einer solchen Ausbildung beginnt nicht nur bei spezialisierten Hochschulprogrammen, sondern erfordert auch die Integration von Grundkenntnissen über Quantentechnologien in früheren Bildungsstufen. Dies schafft eine solide Grundlage und weckt das Interesse an diesen zukunftsträchtigen Feldern. Weiterführend ist die kontinuierliche Weiterbildung für bereits im Berufsleben stehende Personen von entscheidender Bedeutung, um den aktuellen Arbeitskräften die Möglichkeit zu geben, sich in diesem sich schnell entwickelnden Bereich weiterzuentwickeln und umzuschulen.

Die Auswirkungen der Quantentechnologie auf den Arbeitsmarkt bieten sowohl Herausforderungen als auch Chancen. Einerseits erfordert der Wandel eine proaktive Anpassung der Bildungssysteme und die Entwicklung neuer Lehrpläne und Ausbildungsprogramme. Andererseits eröffnet er die Möglichkeit für das Entstehen neuer Berufsfelder und Karrierewege, die das Potenzial haben, die Art und Weise, wie wir über Arbeit und technologische Innovation denken, zu verändern.

Die enge Zusammenarbeit zwischen Bildungseinrichtungen, Industrie und Regierungsbehörden wird entscheidend sein, um sicherzustellen, dass die Bevölkerung auf die Quantenära vorbereitet ist. Durch gezielte Investitionen in Bildung und Ausbildung können wir ein Arbeitskräftepotenzial schaffen, das nicht nur auf die technologischen Veränderungen vorbereitet ist, sondern diese auch aktiv mitgestaltet. Auf diese Weise kann der Übergang in die Quantentechnologie nicht nur als technische Herausforderung, sondern auch als Chance für Wachstum und Innovation begriffen werden.

Überwindung technischer Barrieren

Die Verwirklichung leistungsfähiger Quantencomputer stellt die Wissenschaft und Technik vor beträchtliche Herausforderungen, die nur durch anhaltende Forschung und Entwicklung bewältigt werden können. Eine der wesentlichen Hürden ist die Fehleranfälligkeit von Quantensystemen. Quantenbits, oder Qubits, sind äußerst empfindlich gegenüber äußeren Einflüssen, was zu Fehlern in den Quantenberechnungen führen kann. Die Entwicklung effektiver Fehlerkorrekturmechanismen ist daher entscheidend, um zuverlässige und genaue Quantenberechnungen sicherzustellen.

Zusätzlich zur Fehlerkorrektur ist die Skalierung von Quantencomputern eine technische Barriere. Die Fähigkeit, eine größere Anzahl von Qubits zu verwalten und effizient miteinander zu verbinden, ist entscheidend für die Steigerung der Rechenleistung von Quantencomputern. Dies erfordert innovative Ansätze in der physikalischen Gestaltung von Quantencomputern sowie in der

Entwicklung von Technologien, die eine stabile und kohärente Quantenverschränkung über größere Systeme ermöglichen.

Ein weiterer kritischer Aspekt ist die Systemintegration, also die Eingliederung von Quantencomputern in bestehende IT-Infrastrukturen. Die nahtlose Integration erfordert nicht nur die Entwicklung kompatibler Schnittstellen und Protokolle, sondern auch die Anpassung bestehender Software und Netzwerke, um die einzigartigen Möglichkeiten und Anforderungen von Quantencomputing voll auszuschöpfen.

Die Überwindung dieser technischen Herausforderungen erfordert eine multidisziplinäre Anstrengung, die Expertise aus Physik, Informatik, Materialwissenschaften und Ingenieurwesen zusammenbringt. Forschungsinstitutionen, Universitäten und die Industrie müssen eng zusammenarbeiten, um die Grundlagenforschung voranzutreiben und praktische Lösungen für die Konstruktion und den Betrieb von Quantencomputern zu entwickeln.

Trotz der Komplexität und der Schwierigkeiten, die mit der Entwicklung von Quantencomputern verbunden sind, bieten die potenziellen Vorteile einen starken Anreiz, diese Herausforderungen anzugehen. Durch die kontinuierliche Verbesserung der Technologien und Methoden bewegen wir uns schrittweise auf das Ziel zu, leistungsfähige Quantencomputer zu realisieren, die das Potenzial haben, die Grenzen der Datenverarbeitung neu zu definieren und Fortschritte in zahlreichen wissenschaftlichen und industriellen Bereichen zu ermöglichen.

Entwicklung von Standards und Protokollen

Die breite Anwendung von Quantentechnologien in verschiedenen industriellen und wissenschaftlichen Bereichen setzt die Entwicklung von einheitlichen Standards und Protokollen voraus. Diese Standards sind entscheidend, um eine reibungslose Kompatibilität zwischen Quantentechnologien und bestehenden digitalen Systemen zu gewährleisten, Sicherheitsrisiken zu minimieren und eine hohe Zuverlässigkeit der Technologie in unterschiedlichsten Anwendungsfällen sicherzustellen.

Die Schaffung solcher Standards erfordert eine koordinierte Anstrengung, die über einzelne Forschungsgruppen und Unternehmen hinausgeht und die globale Gemeinschaft von Wissenschaftlern, Ingenieuren, Industrieexperten und Regulierungsbehörden miteinbezieht. Diese Zusammenarbeit ist notwendig, um eine gemeinsame Sprache und gemeinsame Verfahrensweisen zu entwickeln, die die Grundlage für die Interoperabilität von Quantentechnologien bilden.

Die Entwicklung von Standards umfasst nicht nur technische Aspekte wie die Definition von Schnittstellen, Datenformaten und Kommunikationsprotokollen, sondern auch Sicherheitsrichtlinien, die den Schutz von Daten in Quantennetzwerken und bei der Verwendung von Quantencomputing-Diensten sicherstellen. Angesichts der potenziellen Fähigkeit von Quantencomputern, bestehende Verschlüsselungsverfahren zu kompromittieren, ist die Einführung von Post-Quanten-Kryptographie-Standards ein kritischer Bestandteil dieser Sicherheitsüberlegungen.

Zuverlässigkeit ist ein weiteres Schlüsselelement, das durch Standards adressiert wird. Für den Einsatz von Quantentechnologien in kritischen Anwendungen, wie in der Medizin, im Finanzwesen oder in der Logistik, ist es unerlässlich, dass Systeme vorhersehbare Leistungen erbringen und robust gegenüber Fehlern sind. Standards in der Fehlerkorrektur und Systemdiagnose sind daher von großer Bedeutung.

Die Entwicklung und Implementierung von Standards in der Quantentechnologie steht natürlich ebenso wie die Technologie selbst noch am Anfang, aber ihre Bedeutung wird mit der weiteren Reifung dieser Technologien zunehmen. Einheitliche Standards werden nicht nur die technologische Entwicklung und die kommerzielle Nutzung von Quantentechnologien vorantreiben, sondern auch dazu beitragen, das Vertrauen der Nutzer in diese neue Technologie zu stärken.

Förderung der Bildung und Fachkräfteentwicklung

Investitionen in Bildung und Fachkräfteentwicklung sind grundlegend für den Aufbau eines robusten Ökosystems, das die Erforschung, Entwicklung und kommerzielle Anwendung von Quantentechnologien vorantreibt. Ein solches Ökosystem ermöglicht es, das enorme Potenzial, das Quantentechnologien bieten, voll auszuschöpfen und gleichzeitig sicherzustellen, dass die Gesellschaft als Ganzes von den damit verbundenen Fortschritten profitieren kann.

Die Schaffung solider Bildungsgrundlagen in den Bereichen Quantenphysik, Quantencomputing und verwandten Disziplinen ist der erste Schritt, um eine neue Generation von Wissenschaftlern, Ingenieuren und Technikern auszubilden, die mit den komplexen Herausforderungen und Möglichkeiten dieser Technologien vertraut sind. Dies erfordert eine Überarbeitung der Lehrpläne auf verschiedenen Bildungsebenen, um Grundlagenwissen über Quantentechnologien zu vermitteln und das Interesse und Verständnis für dieses Fachgebiet zu wecken.

Darüber hinaus sind spezialisierte Weiterbildungsprogramme und Zertifizierungen für bereits im Berufsleben stehende Fachkräfte von entscheidender Bedeutung, um die bestehenden Kompetenzen zu erweitern und auf die spezifischen Anforderungen der Quantentechnologie anzupassen. Solche Programme helfen dabei, die Lücke zwischen traditionellen Technologien und den neuen Quantentechnologien zu schließen und ermöglichen es Fachkräften, sich kontinuierlich weiterzuentwickeln und mit den raschen Fortschritten in diesem Bereich Schritt zu halten.

Zusätzlich zur fachlichen Ausbildung ist die Förderung von interdisziplinären Kompetenzen wichtig, da die

Anwendung von Quantentechnologien oft die Zusammenarbeit über Fachgrenzen hinweg erfordert. Kenntnisse in Informatik, Mathematik, Materialwissenschaften und anderen relevanten Bereichen sind unerlässlich, um die komplexen Probleme, die mit der Entwicklung und Implementierung von Quantentechnologien verbunden sind, effektiv zu lösen.

Investitionen in Bildung und Fachkräfteentwicklung sind auch entscheidend, um die kommerzielle Nutzung von Quantentechnologien zu fördern. Ein gut ausgebildeter Talentpool ist eine Voraussetzung für die Gründung und das Wachstum von Start-ups und Unternehmen, die Quantentechnologien entwickeln, anwenden und vermarkten. Dies wiederum trägt zur Schaffung von Arbeitsplätzen, zur Stärkung der Wirtschaft und zur Sicherung der technologischen Führungsrolle in diesem schnell wachsenden Feld bei.

Letztlich sind die Investitionen in Bildung und Fachkräfteentwicklung nicht nur Investitionen in die individuelle Karriereentwicklung, sondern auch in die gesellschaftliche und wirtschaftliche Zukunft. Ein starkes Ökosystem, das die Forschung, Entwicklung und Anwendung von Quantentechnologien unterstützt, ist essenziell, um die vielfältigen Vorteile, die diese Technologien bieten, zu realisieren und auf globaler Ebene wettbewerbsfähig zu bleiben.

Fazit

Insgesamt steht die Quantencomputertechnologie an der Schwelle zu tiefgreifenden Veränderungen in vielen Bereichen. Die erfolgreiche Bewältigung der technischen und gesellschaftlichen Herausforderungen wird entscheidend sein, um das volle Potenzial dieser Technologie zu erschließen und positive Auswirkungen auf Wissenschaft, Technologie, Wirtschaft und Gesellschaft zu erzielen.

Die Prognose eines konkreten Zeitpunkts für einen Durchbruch im Quantencomputing bleibt eine Herausforderung, da sie von einer Vielzahl sich schnell entwickelnder technologischer, wissenschaftlicher und finanzieller Faktoren abhängt. In den letzten Jahren gab es zwar erhebliche Fortschritte in der Quantencomputertechnologie, doch ein entscheidender Durchbruch, der Quantencomputer für eine breite Palette von Anwendungen überlegen machen würde, steht noch aus.

Die Entwicklung und Verbesserung der Qubits, die die grundlegenden Einheiten von Quantencomputern darstellen, sowie die Fortschritte in der Quantenfehlerkorrektur, sind wesentliche technische Herausforderungen, die noch überwunden werden müssen. Die Lösung dieser Probleme ist entscheidend für die Schaffung praktisch einsetzbarer Quantencomputer, die in der Lage sind, komplexe Berechnungen durchzuführen, die weit über die Fähigkeiten heutiger klassischer Computer hinausgehen.

Die Forschung im Bereich des Quantencomputings profitiert von zunehmenden Investitionen sowohl aus dem öffentlichen als auch aus dem privaten Sektor, was die Entwicklung dieser Technologie beschleunigt. Diese finanzielle Unterstützung unterstreicht das Vertrauen in das Potenzial des Quantencomputings, transformative Veränderungen in verschiedenen Bereichen wie Materialwissenschaft, Pharmazie und komplexen Optimierungsproblemen herbeizuführen.

Obwohl einige Unternehmen bereits die Erreichung der sogenannten Quantenüberlegenheit für spezifische Aufgaben verkündet haben, ist die allgemeine Anwendung von Quantencomputern, die in allen Bereichen klassische Computer übertreffen, noch ein weiter Weg. Experten sind vorsichtig optimistisch, dass bedeutende Durchbrüche im Quantencomputing innerhalb des nächsten Jahrzehnts in spezialisierten Anwendungen möglich sind, aber ein umfassender Durchbruch, der Quantencomputer allgemein einsetzbar macht, könnte noch zwei Jahrzehnte oder länger entfernt sein.

Die Dynamik des Fortschritts im Quantencomputing ist jedoch schwer vorhersehbar, und unerwartete wissenschaftliche Durchbrüche könnten die Entwicklungszeitpläne beschleunigen. Die kontinuierliche Forschung und Entwicklung in diesem Bereich ist entscheidend, um die bestehenden Herausforderungen zu überwinden und das volle Potenzial der Quantentechnologie zu erschließen.

Daher bleibt die Zukunft des Quantencomputings ein spannendes Feld, dessen Zeitachse flexibel und anpassungsfähig an neue Entdeckungen und technologische Fortschritte ist, sich aber einer konkreten Vorhersage entzieht.